国家人口发展战略研究总报告

国家人口发展战略研究课题组

中国人口出版社

目 录

一、科学发展观与国家人口发展战略 ………………………………（1）
 （一）科学发展观的内涵 …………………………………………（2）
 （二）国家人口发展战略研究的重要性和紧迫性 ………………（4）
 （三）科学发展观指导国家人口发展的战略定位 ………………（5）
 （四）国家人口发展战略是落实新发展理论的基础性战略 …（5）

二、国际人口发展宏观形势 ……………………………………………（7）
 （一）国际人口发展态势 …………………………………………（7）
 （二）国际人口发展经验与共识 …………………………………（13）

三、中国人口和计划生育事业伟大成就和基本经验 …………………（14）
 （一）伟大成就 ……………………………………………………（14）
 （二）基本经验 ……………………………………………………（25）

四、中国人口发展进入新阶段 …………………………………………（26）
 （一）中国人口发展面临重大转型 ………………………………（26）
 （二）中国人口发展新阶段特征 …………………………………（29）

五、构建社会主义和谐社会中的人口安全 ……………………………（31）
 （一）人口安全理念 ………………………………………………（31）
 （二）中国人口发展趋势与特点 …………………………………（34）

六、人口与经济、社会、资源和环境协调发展 ………………………（76）

（一）对人口与经济关系的基本判断 …………………………（76）
　　（二）对人口与社会发展关系的基本判断 ……………………（81）
　　（三）对人口与资源环境关系的基本判断 ……………………（83）
　　（四）对人口发展公共管理服务的基本判断 …………………（84）

七、战略思路和目标 …………………………………………（86）

　　（一）树立新时期的人口观 ……………………………………（86）
　　（二）战略思路 …………………………………………………（88）
　　（三）战略意义 …………………………………………………（92）
　　（四）实施条件 …………………………………………………（94）
　　（五）战略目标 …………………………………………………（95）

八、战略措施和政策建议 ……………………………………（96）

　　（一）进一步稳定低生育水平，实现人口发展目标……………（96）
　　（二）全面提高人口素质，优先开发人力资源…………………（97）
　　（三）着力解决人口结构性问题，促进社会公平………………（99）
　　（四）统筹区域协调发展，引导人口有序迁移和合理分布 …（100）
　　（五）加强人口发展领域的国际交流与合作…………………（101）
　　（六）切实加强对人口发展事业的领导………………………（102）

国家人口发展战略研究总报告

21世纪是世界多极化和经济全球化迅速发展时期。世界格局急剧变化、科学技术突飞猛进、知识经济充满活力,人类社会发展处于复杂多变的历史阶段。人口发展是关系当今世界和平与发展的战略性问题,现代化进程中的所有重大问题都同人口发展密切相关。中国作为世界上人口最多的发展中国家,人口问题始终是影响全面、协调、可持续发展的重大问题,是制约经济社会发展的关键因素,是社会主义初级阶段面临的全局性、长期性和根本性问题。人口规模大和增长数量多,农村人口比例高和城乡收入差距大,人均耕地少和人均资源相对不足,环境人口容量狭小与区域人口发展不平衡等构成中国基本国情及人口发展的特殊性,决定了国家人口发展战略是国民经济和社会发展的基础性战略。全面建设小康社会,实现社会主义现代化建设第三步战略目标,促进经济社会发展和人的全面发展,必须全面落实科学发展观,把握人口发展的战略主动权,实施优先投资于人的全面发展战略,不断推进中国经济和社会的发展、进步与和谐,为人民幸福、国家昌盛、世界稳定乃至整个人类发展做出应有的贡献。

一、科学发展观与国家人口发展战略

20世纪以来,中国的发展实现了两次历史性飞跃:第一次,以毛泽东同志为核心的第一代领导集体,实现了从革命到执政,从旧中国到新中国的历史性飞跃;第二次,以邓小平、江泽民同志为核心的第二代、第三代领导集体，实现了从计划经济到市场经济、从长期封闭到改革开放、从基本温饱到总体小康的历史性飞跃。跨入21世纪，以胡锦涛同志为总书记的党中央领导全国人民向构建社会主义和谐社会、全面建设小康社会和基本实现现代化的第三次历史性飞跃迈进。

以胡锦涛同志为总书记的党中央审时度势，正确决策，科学规划了未来经济社会全面、协调、可持续发展的大思路。将邓小平理论、"三个代表"重要思想、以人为本的科学发展观、构建社会主义和谐社会、提高党的执政能力和走和平发展道路有机统一。邓小平理论是指引中国现代化建设方向的理论，"三个代表"重要思想是党的指导思想，以人为本的科学发展观是总的发展思路，构建社会主义和谐社会是重要的工作目标，加强党的能力建设是执政的根本保障，走和平发展道路是强国富民的必由之路，构成符合时代要求、客观规律的科学理论新框架，丰富和发展了中国特色社会主义理论的内涵。

（一）科学发展观的内涵

科学发展观是新世纪、新阶段从中国全局出发，把握发展规律、丰富发展内涵、创新发展观念、拓展发展思路、破解发展难题的重大战略思想，是制定人口发展战略、推动改革开放、实现又好又快发展的思想武器，标志着中国共产党执政理念的又一次升华和人类发展观的重大进步。

——**发展为了人："以人为本"的目标导向**。实现从"GDP增长为中心"向"以人的全面发展为中心"转变，只有人的全面发展才是社会发展的终极目标。进入21世纪，中国面临的挑战不仅是既要保持经济高速发展，更要确保发展的可持续性和公平性；既要满足人们不断增长的物质、精神、文化需求，更要满足广大人民群众最基本的生存和发展需求；既要保证人民群众是发展的受益者，更要保证人民群众是发展的参与者。突出权利保障、能力促进、机会均等，注重激发社会活力,最广泛、最充分地调动一切积极因素,使改革发展成果惠及全体人群,在共融、共建、共享原则指导下实现人的全面发展。

——**发展依靠人:"以人为本"的实现途径**。社会发展通过人的进步来体现。人是生产力诸要素中最活跃、最具有决定性作用的可变因素,最重要的发展是人的能力发展,最重要的资产是人的能力资产,人的能力建设对生产方式转变、现代化实现和可持续发展具有决定性意义;把人力资源作为第一资源,把发展的重心转移到中国最丰富的人力资源的开发和利用上来,充分实现人的价值,形成最大的发展资本。

——**发展适应人:"以人为本"的科学定位**。一定阶段发展目标及发展方式的选择,需与该阶段人们认识世界、改造世界的能力相适应,与由此形成的物质生产方式、科学技术水平及经济、社会、资源、环境、生态状况相协调,达到发展目的与手段、发展预期与现实、人的发展与物质发展相统一。

——**发展体现人:"以人为本"的现实形态**。国家的发展模式和制度安排,体现人的发展、价值和尊严等基本权利。保持经济增长和财富公平分享,体现人的经济权利;维护社会稳定和民主法治,体现人的政治权利;注重文化传承性、多样性、适应性、创造性,体现人的文化权利;消除歧视和畅通利益诉求渠道,体现人的公共权利;正视人的主体性格和多元化需求,体现人的自由、全面和可持续发展的权利。

——**发展塑造人:"以人为本"的价值体现**。经济社会发展最终转化为人的素质提高、境界提升和关系和谐。按照政治文明要求,通过提高公民的政治素质和法律修养,实现人民当家做主的权利;按照物质文明要求,建设尊重劳动、尊重知识、尊重人才、尊重创造的创新型社会;按照社会文明要求,从解决群众最关心、最直接、最现实的利益问题入手,加快改善民生,保障社会公平正义,促进社会和谐;按照精神文明要求,树立恪守社会道德、崇尚民族精神、体现民族美德的社会氛围;按照生态文明要求,培育人们珍视自然、维护环境、保护生态的行为。

总之,科学发展观的实现方式是:统筹城乡发展、统筹区域发展、统筹经济社会发展、统筹人与自然和谐发展、统筹国内发展和对外开放。以稳定低生育水平为前提、提高人口素质为重心的人口发展思路;以协调人口与资源关系、提高效益为核心的经济发展方式;以实现劳动力充分就业为重点的经济结构调整模式;以兼顾公平与效率为原则的收入分配制度;以人与自然和谐为导向的绿色生产和消费方式;以提高人的生存质量为目标的协调发展机制;以保障人的基本权利为根本的社会治理体系;以人力资源优势转换为依托的对外开放道路。

(二)国家人口发展战略研究的重要性和紧迫性

人口发展战略是从宏观、全局角度出发,探索人口发展规律,把握与自然规律、社会规律、经济规律的内在联系,构建前瞻理论体系,确立价值取向,谋划总体思路,统筹对策措施的战略思考和战略方案。人口的数量、素质、结构、分布等因素间及与经济、社会、资源、环境间相互关联、相互影响,当代中国发展中的所有重大问题,无不与人口自身各因素密切相关。中国人口问题具有普遍性,但更有特殊性:随着科学发展观的实践,人口发展国内外环境制约更加刚性,人口自身平衡与经济社会协调系统性更加显著,预设的目标更加多元,相互之间的制约更加突出,所涉及的利益调整更加广泛,同时,人口发展的工作对象更加复杂,施政手段法制化要求更加严格,对社会心态及时回应要求更加迫切,人口发展与经济社会发展面临的挑战更加严峻。科学审视新时期人口形势和人口发展的复杂局面,迫切要求从战略的高度,制定和规划科学的人口发展战略,构想和筹划未来的人口发展全局,为全面建设小康社会创造良好的人口环境。

(三)科学发展观指导国家人口发展的战略定位

科学发展观不仅是关于发展规律的理论总结和原则体现,同时也是观察问题和解决问题的基本方法,为制定人口发展战略指明正确方向和基本路径,提供研究的科学体系和思维能力,规定人口发展战略的价值取向与衡量标准。

——**发展价值的新凸显**。科学发展观之所以成为人类历史上发展理念的新飞跃,就在于其本质要求和核心内容是"以人为本";基本原则是全面、协调发展;集中体现是可持续发展。

——**发展内容的新揭示**。发展不仅是经济增长或经济发展,而且是政治、文化、社会和人的全面发展,是物质文明、政治文明、精神文明、生态文明的进步发展,是促进人与自然、人与人、人与社会的和谐发展。

——**发展路径的新定位**。科学发展观追求经济社会与人口发展的良性互动,既重视投资于物,更关注投资于人。在经济发展的基础上,促进人的全面发展。

——**发展方式的新探索**。转变粗放的经济发展方式和经济、社会发展不协调状况,坚持理论、体制、科技、管理创新,正确处理改革、发展、稳定的关系。

——**发展标准的新界定**。科学发展观的评价标准是坚持经济、社会、生态效益的统一,强调生产力提高和社会进步、发展效率和质量、发展持久性和长期性、发展空间布局与结构均衡的统一。

(四)国家人口发展战略是落实新发展理论的基础性战略

制定人类发展基本的、社会发展首要的人口发展战略,是落实新发展理论的重要前提,是建立和谐、公平、共同富裕社会的基本保障,直接关系到全面建设小康社会的实施与效果。

——**全局性**。人口发展战略从"就数量谈人口"到"就发展谈人口",从"就经济发展谈人口"到"就科学发展谈人口",通过对人口与经济、社会、资源、环境等问题进行综合的跨学科研究,洞察发展过程中与人口相关的各种复杂现象的深刻内涵和规律,为21世纪经济社会全面、协调、可持续发展提供基础性的科学决策依据。

——**方向性**。制定人口发展战略首要的是确立人口发展目标和价值取向。各国不同的国情和发展道路,引发对人口发展现状和未来价值取向的不同选择。中国是人口最多的发展中国家,区域差异和人口现象复杂多样,使得价值取向的选择更为困难。科学发展观的提出,决定了将以人为本、改善人们的生存与发展状况作为价值取向的核心,将经济发展作为价值取向的基础,将可持续发展作为价值取向的出发点,将人的全面发展作为价值取向的目标,使人口发展目标充分体现国家利益与个人利益的统一。

——**前瞻性**。人口发展战略以发展为主线,同时严肃思考"人口风险"问题,提出"人口安全"命题,凸现发展的轨迹,呼唤权利的回归,立足和谐的境界,为人口科学发展、中华民族复兴勾画宏伟蓝图。

——**规律性**。人口发展战略必须从人口自身发展和人口与经济社会资源环境发展的内在规律出发,从中国国情和广大人民群众的需求出发,进行战略思考,提出战略决策。就宏观而言,既要考虑人口发展自身的规律,又要考虑人口发展的社会、经济承受能力;从微观看,既要考虑群众(主要是农村地区)实际需求及实现途径,又要考虑中国现实经济、社会条件和实施步骤,选择符合发展规律和综合国力的人口战略和政策,正确把握合理"度",避免大起大落,减少社会震荡。

——**基础性**。人口发展战略是与经济社会发展关系最为密切的战略,人口发展的良性运行是经济社会发展的前提。人口发展和人的全面发展是社会主义现代化建设和实现"三步走"战略的重要保证。人口与发展的关系越来越紧密,在落实科学发展观过程中的影响越来越显著,在和谐社会建设中的地位越来越突出,在建设更高水平小康社会中的作用越来越重要。人口问题上的任何失误,都会对经济社会发展产生长期的、难以逆转的重大影响。因此,人口问题具有举足轻重的基础性作用。

深刻认识国际人口发展规律和中国人口发展规律,在总结中国人口发展成就和汲取国内外经验的基础上,制定国家人口发展战略,提出统领人口发展的重大战略思想,成为推动人口发展的重要战略举措。

二、国际人口发展宏观形势

(一)国际人口发展态势

世界人口数量在20世纪的100年中连闯5个10亿大关,尤其是近半个世纪以来,世界人口发展所引发的各种问题,引起国际社会广泛关注。世界人口发展的基本态势是:

——**人口总量增长速度趋缓**。人类经过300多万年的发展,到1830年,世界人口才达到10亿,又经过约100年的时间,到1930年达到20亿。达到第三、四、五和六个10亿,分别只用了30年、14年、13年和12年(见表1、图1)。2005年世界人口已达65亿。进入21世纪,世界人口增长速度放缓,自然增长率从20世纪60年代的20‰下降到目前的12‰,未来每增加10亿人口的时间将不断延长。

表1 世界人口每增长10亿所用时间

人口（亿）	年代	所用时间（年）
10	1830	300多万年
20	1930	100
30	1960	30
40	1974	14
50	1987	13
60	1999	12
70	2012	13
80	2028	16
90.76	2050	22

资料来源：联合国秘书处经济和社会事务部人口司. 世界人口前景：2004年修订本
注：70亿以后数据为预测数。

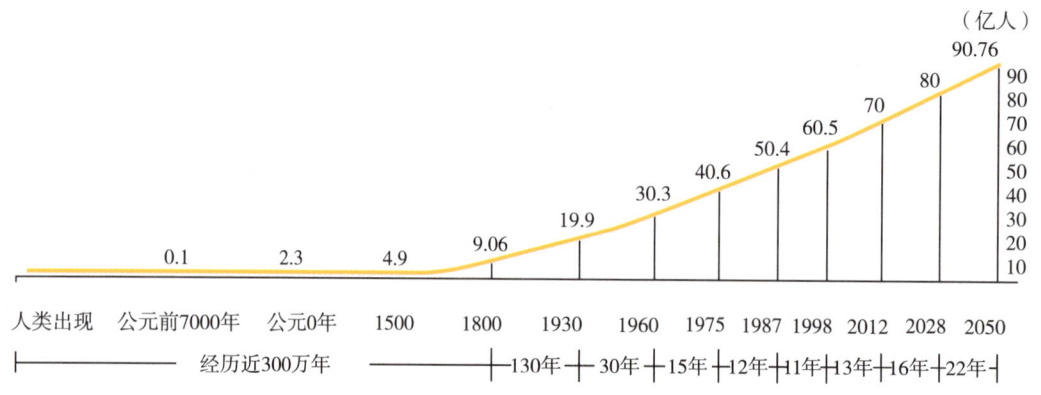

图1 世界人口每增加10亿大约经历的时间

资料来源：联合国秘书处经济和社会事务部人口司. 世界人口前景：2004年修订本

——**生育水平显著下降**。世界平均总和生育率①从1950～1955年的5.0下降到2000～2005年的2.7，其中发展中国家从6.2下降到3.0，发达国家则从2.8下降到1.6，有的甚至降到1.1～1.2。未来几十年，随着经济社会发展尤其是现代化和城市化②进程加快，全球人

---

① **总和生育率**：一定时期（如某一年）各年龄组妇女生育率的合计数，说明每名妇女按照某一年的各年龄组生育率度过育龄期，平均可能生育的子女数，是衡量生育水平最常用的指标之一。

② 本报告中"城市化"与"城镇化"为同义词，除少数情况下视习惯使用"城镇化"的概念，一般采用"城市化"的表述方式。

口转变将基本完成,高生育率将成为历史(见表2、图2)。

表2 世界总和生育率和出生人数

时　　间	总和生育率	年均出生人数(百万)
1950～1955	5.02	99.044
1955～1960	4.96	103.288
1960～1965	4.97	112.246
1965～1970	4.91	118.527
1970～1975	4.49	120.125
1975～1980	3.92	119.831
1980～1985	3.58	128.002
1985～1990	3.38	135.988
1990～1995	3.04	134.798
1995～2000	2.79	132.508
2000～2005	2.65	132.508

资料来源:联合国秘书处经济和社会事务部人口司.世界人口前景:2004年修订本

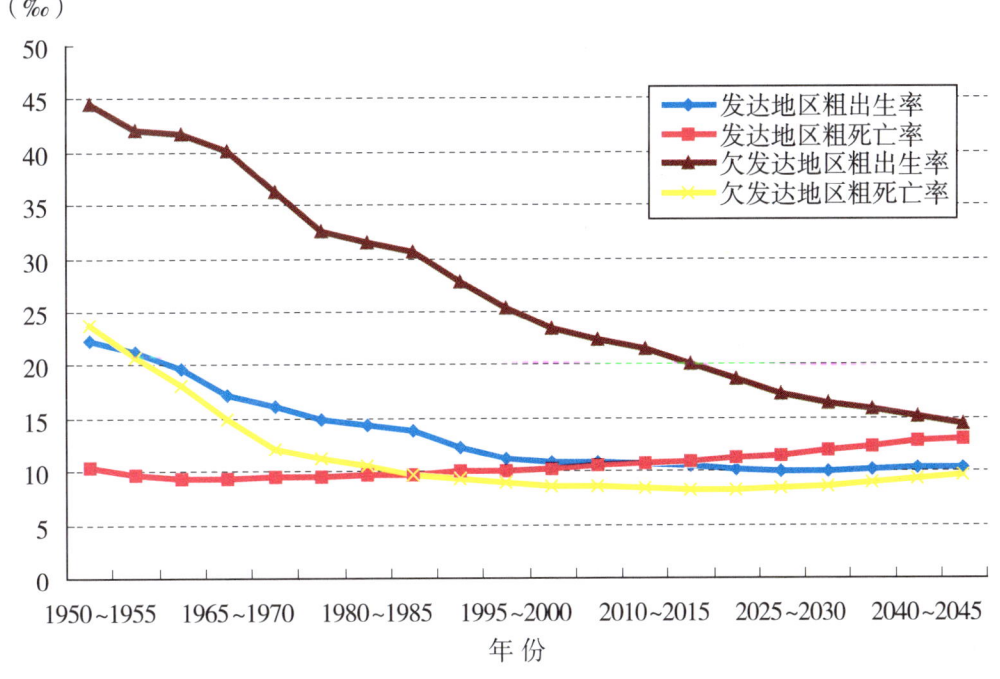

图2 发达和欠发达地区人口转变

资料来源:联合国秘书处经济和社会事务部人口司.世界人口前景:2004年修订本

——**人口年龄结构持续老化**。人口老龄化①是科技进步和人类社会发展的必然结果和重要标志。2000 年 60 岁和 65 岁以上老年人口比例分别达到 10% 和 7%,标志着全球整体上已进入老年型社会;预计 2020 年达 13.6% 和 9.4%,2050 年达 21.4% 和 15.9%(见图 3)。21 世纪是全球人口老龄化的世纪,全球将面临一场深刻的人口革命,对经济社会发展构成史无前例的挑战。

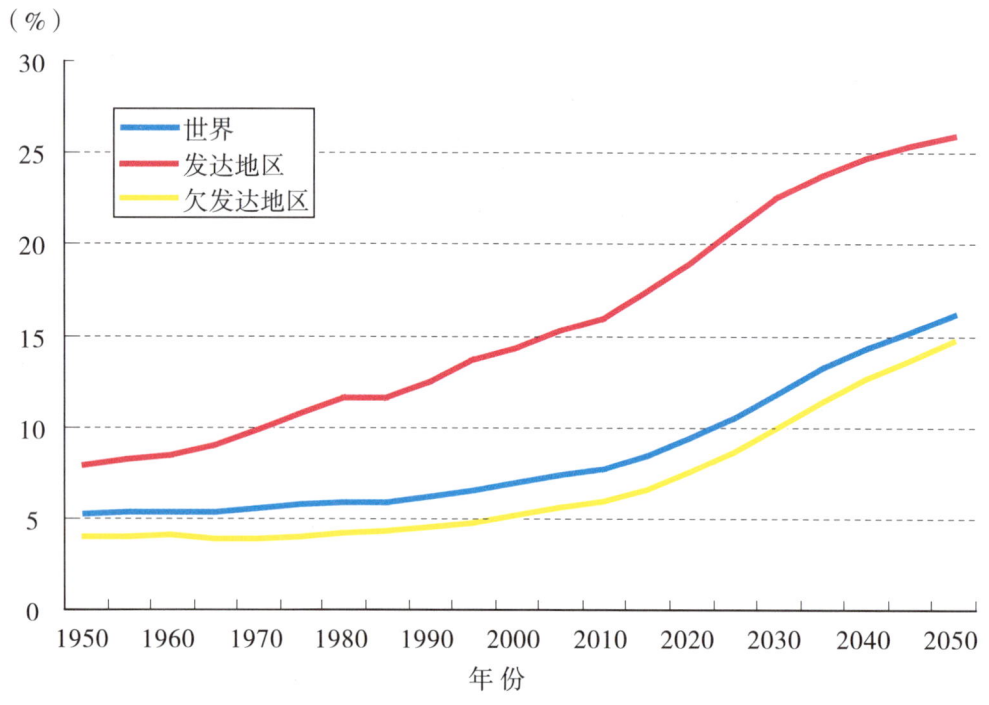

图 3　65 岁以上老年人口比重变化情况

资料来源:联合国秘书处经济和社会事务部人口司. 世界人口前景:2004 年修订本

——**人口素质在经济社会发展中的作用更加突出**。经济全球化和知识经济时代的到来,综合国力和经济发展后劲的增强,越来越取决于劳动者素质。凝聚在劳动者身上的知识、技能等能力构成的人力资本,是技术进步的源泉。人力资本积累是提高要素生产效率、转

---

① **人口老龄化**:指总人口中老年人口比例不断上升的过程。目前国际上通用的标准是,当一个国家或地区 60 岁及以上老年人口超过总人口 10%,或 65 岁及以上老年人口超过总人口 7%,即意味着这个国家或地区的人口属于老年型。人口老龄化是出生率下降和人均预期寿命延长的结果。

变经济发展方式的先决条件。人力资本匮乏(见图4、表3),成为制约发展中国家跨越式发展的瓶颈。

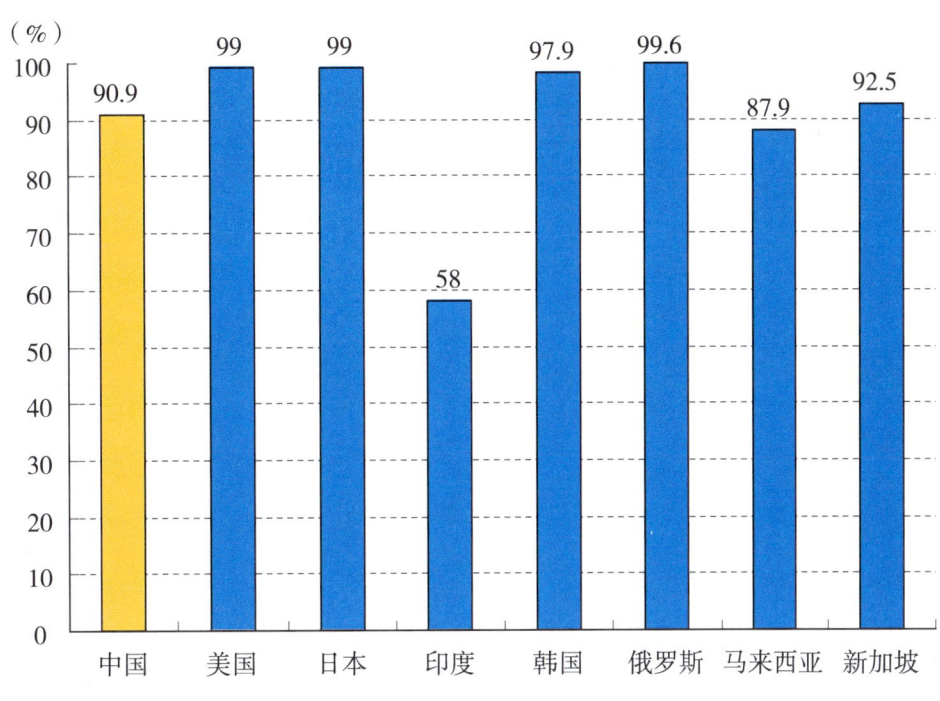

图4　2000年成人识字率的国际比较

资料来源:国际统计年鉴;中国人口统计年鉴

表3　大学粗入学率的国际比较　　　　　　　　单位:%

年份	中国	印度	日本	韩国	英国	马来西亚	法国
1998	6.2	7.2	43.9	67.7	58.1	11.4	50.8
2000	7.0	10.0	48.0	78.0	60.0	28.0	54.0

资料来源:国际统计年鉴(2003年)

——**人口城市化快速发展。**20世纪以来,尤其是第二次世界大战结束后,世界城市化的速度、规模、范围达到空前程度,人口城市化水平迅速提高。大城市的发展速度大大超过小城市,人口规模迅速膨胀,1000万人口以上特大城市的发展尤为引人注目。2003年,世界城市人口比例达48%,约为总人口的一半,其中发达地区为75%,欠发达地区为42%。不同国家差异显著,非洲一些国家城市化水平在20%以下,而欧洲一些国家高达80%甚至90%以上(见表4)。

表4 世界主要国家和地区城市化水平比较　　单位:%

国家和地区	城市化水平 (2003)	城市人口增长率 (2000~2005)
全世界	48	2.1
发达地区	75	0.5
欠发达地区	42	2.8
最不发达地区	27	4.3
亚洲	39	2.7
欧洲	73	0.1
美国	80	1.4
韩国	80	0.9
日本	65	0.3
中国	39	3.2

资料来源:联合国人口基金.2005世界人口状况

——**人口发展不平衡加剧**。世界人口仍将继续增长50年以上,其中新增人口90%出生在发展中国家(见图5),使其人口压力进一步加重。绝对贫困人口的数量仍在增加,资源匮乏和环境恶化等问题不断加剧,发展中国家与发达国家的差距继续拉大。

世界人口形势发生深刻变化,全球发展处在重要历史关头。

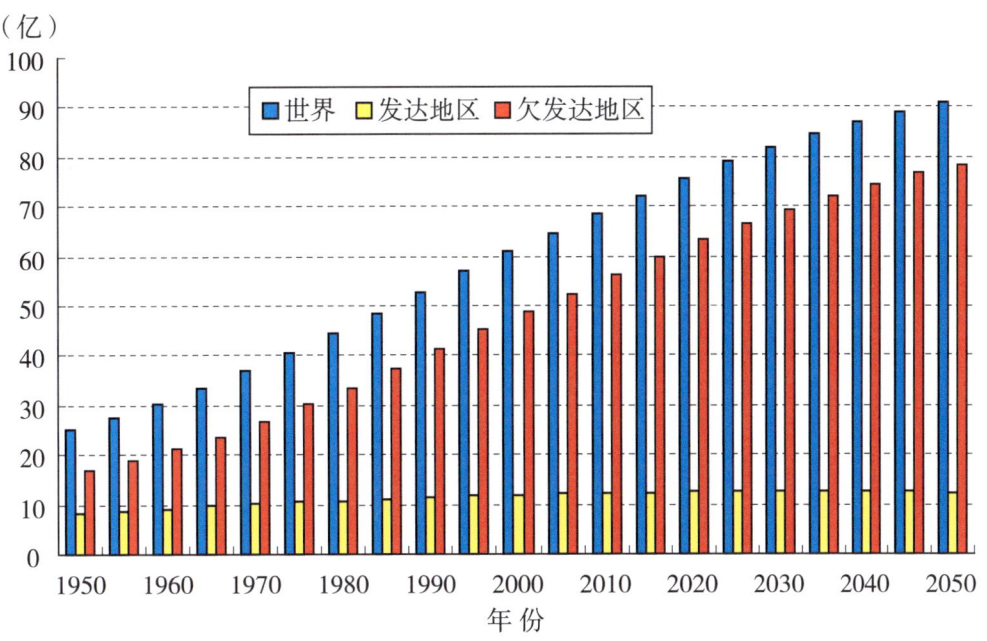

图 5 发达和欠发达地区人口规模变化

资料来源：联合国秘书处经济和社会事务部人口司．世界人口前景：2004 年修订本

（二）国际人口发展经验与共识

1974 年第一次世界人口大会以来，人口发展日益成为全球关注的中心议题，1994 年开罗会议确定了国际社会人口发展的原则。经过艰难、曲折的过程，国际社会对人口问题的认识不断深化，对可持续发展的理解不断深入，解决人口问题的途径不断拓展，应对人口与发展问题的措施不断改进，对人口发展的重要性和紧迫性形成共识，为世界人口发展提供难得的机遇。

——计划生育带来实实在在的、巨大的宏观经济效益。人口低生育率和低增长率的发展中国家，具有更高的生产率、更高的储蓄率和更有效的投资，从而享有更快的经济发展。

——良好的计划生育和相关服务使政府节省支出。

——人口保持适度增长，有利于消除贫困、合理利用资源、保护生态环境、促进经济社会可持续发展，成为世界各国共同的战略目标。

——人口问题本质上是发展问题，解决人口问题才能促进经济发展和改善人们生活,同时经济、社会、文化等广泛的发展才能从根本上解决人口问题。

——人口问题的解决方式发生根本改变,将人和人权摆在中心位置,将人口与发展作为具有内在联系的有机体统一部署,将制订人口方案作为多部门参与的综合行动。

——在实施减贫战略和实现千年发展目标过程中,优先关注生殖健康、计划生育、妇女地位。

——人口稳定是全球安全的重要因素。

国际社会不懈努力,继续探索实现人口与发展战略目标的途径,为解决人口问题寻求良策、创造条件,促进人类社会的健康发展。

三、中国人口和计划生育事业伟大成就和基本经验

作为国际人口发展新理念的积极探索者和实践者,中国为全球人口和发展做出了不可磨灭的贡献。

(一)伟大成就

计划生育作为基本国策,是从人口众多的基本国情出发做出的重大战略选择。30多年来,实行改革开放和计划生育推动中国发生翻天覆地的变化,实现由贫困到温饱再到总体小康的历史性跨越。人口的有效控制从根本上改变了中国人口发展的历史轨迹,实现中华民族发展史上的伟大转折。只有中国共产党领导的社会主义国家,才能建立这一人类历史上的伟大创举和惠及十几亿人口、造福子孙后代的历史功绩,为建设21世纪现代化强国的目标奠定了坚实基础。

经过全党和全国人民半个多世纪的艰苦努力,中国人口和计划生育事业取得了世人瞩目的成绩:

——**人口再生产类型**①**实现了历史性转变**。在社会生产力尚不发达的情况下,用1代人的时间,中国人口再生产类型实现了发达国家用4代人时间才完成的从"高出生、低死亡、高增长"向"低出生、低死亡、低增长"的历史性转变,人口过快增长的势头得到有效遏制,群众的生育观念发生明显改变,总和生育率从1970年的5.8降至现在的1.8左右(见图6)。受人口基数和人口年龄结构影响,人口总量仍保持净增长,但由于总和生育率已低于更替水平,人口内在自然增长率已经由正值变为负值,人口增长的内在趋势发生方向性变化。中国净增1亿人口的时间从20世纪60年代的5年延长到目前的约10年(见表5),进入世界低生育水平②国家的行列,是唯一在20世纪达到更替水平③以下的发展中人口大国(见图7),预计将比其他发展中国家早半个世纪达到人口零增长(见表6)。

---

① **人口再生产类型**:与一定的生产力发展阶段相适应的人口出生率、死亡率和自然增长率三者相结合而形成人口再生产的特征,依据这些特征人口再生产区分为不同类型。人类历史上有三种人口再生产类型:原始的(高出生率、极高死亡率和极低自然增长率)、传统的(高出生率、高死亡率和较低自然增长率)、现代的(低出生率、低死亡率和低自然增长率)。人口再生产类型的转变是生产力发展的结果。在农业经济向社会化大生产经济的发展过程中,还会出现"高出生率、低死亡率、高自然增长率"的过渡人口再生产类型。

② **低生育水平**:一般认为,如果一个国家或地区的总和生育率多年来始终低于更替水平,那么,该国家或地区人口发展就进入了低生育水平时期。

③ **更替水平**:指这样一个生育水平,同一批妇女生育女儿的数量恰好能替代她们本身。一旦达到生育更替水平,出生和死亡将逐渐趋于均衡,在没有国际迁入与迁出的情况下,人口将最终停止增长,保持稳定状态。这个过程所需的时间依人口年龄结构的不同而不同。目前,几乎所有发达国家的生育率都已达到或低于更替水平。一般认为,总和生育率为2.1即达到了生育更替水平。之所以为2.1而不是2.0(一个孩子对应父母中的一个),是由于在出生时,男孩数要略多于女孩数,且一部分女孩将在育龄期前死亡。发展中国家的死亡率较高,因此,达到生育更替水平的总和生育率一般高于2.1。

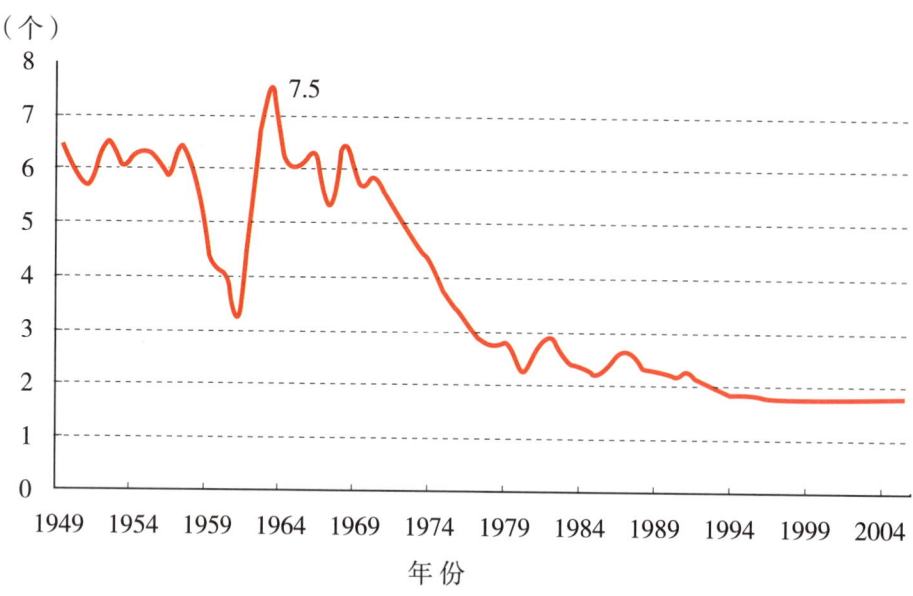

图 6　中国育龄妇女总和生育率

资料来源：国家人口计生委．人口和计划生育常用数据手册(2005)

表 5　中国人口每增长 1 亿所用时间

人口(亿)	年代	所用时间(年)
1.2	1110	
2.1	1751	641
3.3	1805	54
4.3	1851	46
5.4	1949	98
6.5	1957	8
7.5	1966	9
8.5	1971	5
9.5	1977	6
10.4	1984	7
11.4	1990	6
12.5	1998	8

资料来源：国家人口计生委．人口和计划生育常用数据手册(2004)

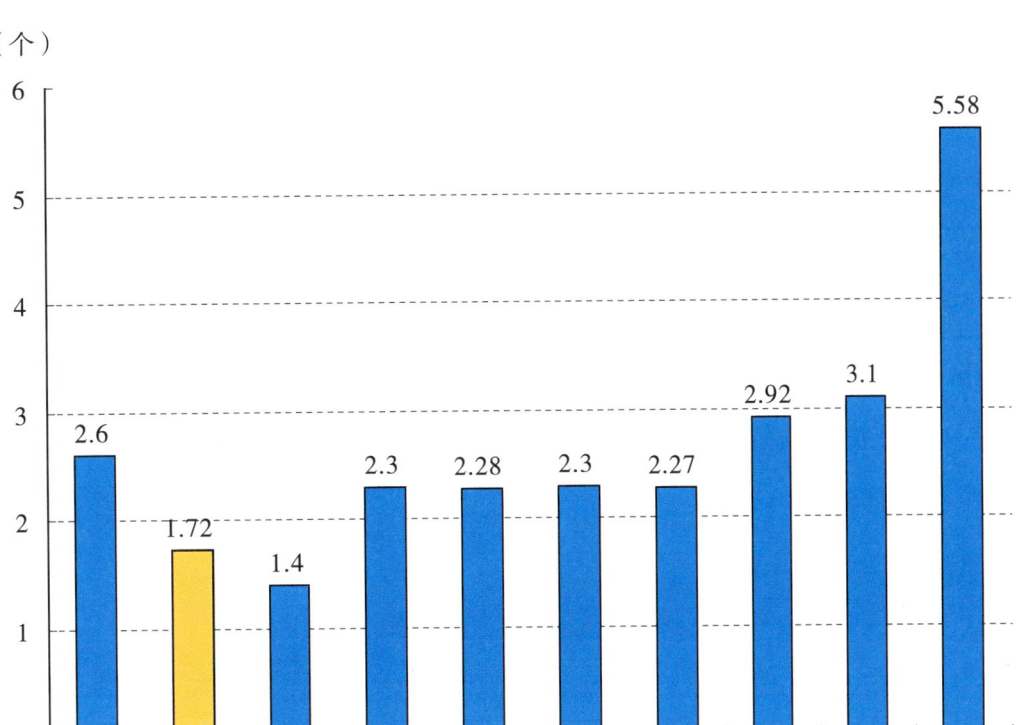

图7　2000～2005年总和生育率的国际比较

资料来源：联合国人口基金.2005世界人口状况

表6　总和生育率达到更替水平时间的国际比较

国家和地区	时间	总和生育率
世界	2040	2.06
中国	1991	2.1
美国	1970～1975	2.02
巴西	2005～2010	2.07
印度	2025～2030	2.02
印尼	2010～2015	2.1
阿根廷	2015～2020	2.1
孟加拉国	2030～2035	2.04
巴基斯坦	2045～2050	2.06
尼日利亚	>2050	
墨西哥	2015～2020	2.04

资料来源：中国数据来自《1990年代中国生育水平研究》课题报告；其他国家数据来自联合国预测中方案数据

——人口转变为经济社会快速发展创造了前所未有的机遇。随着生育率迅速下降,新增人口日益减少,平均寿命不断延长,中国人口年龄结构呈现"两头小、中间大"的低抚养比格局,提供了为期40年左右的人口红利期①(见图8)。1982～2000年,人口抚养比②下降1/5,对国民经济增长的贡献为1/4左右(见图9)。据预测,中国总人口抚养比将进一步下降,从2000年的42.6%下降到2015年的39.4%,即下降3.2个百分点,带来经济增长率上升0.4%,今后15～20年将是中国人口抚养比最低的时期,始终维持在45%以下。人口转变对经济长期增长的贡献高达1/3左右。③

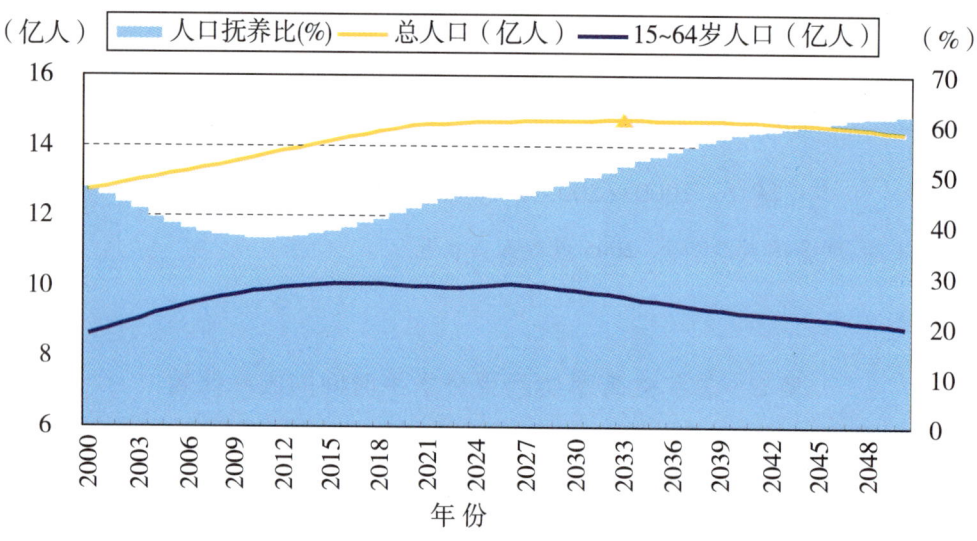

图8 未来我国总人口、劳动年龄人口及人口抚养比预测

资料来源:《人口发展预测》课题报告

---

① **人口红利期**:在低收入国家,随着生育率的下降和人口再生产类型的转变,出现庞大的劳动年龄人口和相对较少的老年人和儿童,这一人口年龄结构是最富生产性、人口抚养负担较轻的时期,通常称为人口红利期。此时政府实施有利的经济社会政策,提高施政水平,发挥劳动年龄人口众多的优势,加大对卫生、教育等人力资源投资,实现较高比例的劳动就业,促进储蓄积累,推动经济增长和社会转型。

② **人口抚养比**:总人口中非劳动年龄人数与劳动年龄人数之比,以百分数表示。用来说明整个社会每100名劳动年龄人口大致负担多少非劳动年龄人口,以考察人口年龄构成对人口经济活动的影响。一般以15～64岁为劳动年龄人口,14岁以下和65岁以上为非劳动年龄人口。

③《人口转变对经济增长持续性影响研究》课题报告

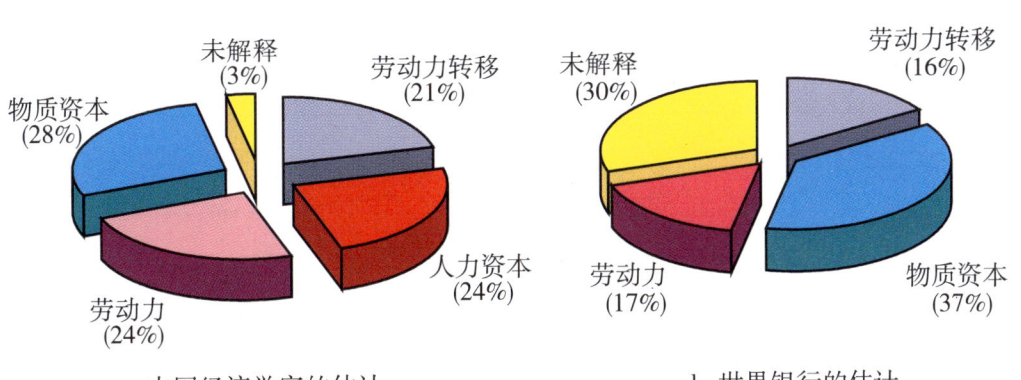

图 9 中国人口转变对 GDP 增长贡献率

资料来源:《人口与经济关系》课题报告

——人口低增长有力促进了经济发展走上快车道。由于实行计划生育,到 2005 年全国少生 4 亿多人(见图 10),有效节约人口投资,为社会和家庭节约抚养费 17.46 万亿元,持续下降的人口出生率和人口增长率减缓了人口数量的"分母"效应,提高了生产生活资料、国民收入的人均占有水平,每年新增人口消耗新增 GDP 的比例从 20 世纪 80 年代初的 30%左右下降到目前的 17%。进一步促进资本的高积累,增强生产性和基础性投资,提高了国民经济发展的"分子"效应,人均收入不断提高,综合国力显著增强,有力地保障人均 GDP 达 800 美元总体小康目标的实现。2004 年人均 GDP 超过 1000 美元(见图 11)。中国人口再生产类型迅速转变、摆脱"低水平均衡陷阱"[①]、推动经济增长的发展模式,为发展中国家提供了典范。

---

① 低水平均衡陷阱:在经济落后国家,人均收入低于理论值,国民收入增长被更快的人口增长抵消,使人均收入退回到维持生存的水平上,并且固定不变,人均增长和国民收入增长处于低水平的均衡状态;当人均收入大于理论值,国民收入增长速度超过人口增长,人均收入相应增加,直到国民收入增长下降到人口增长为止,此时人均增长和国民收入达到新的高水平的均衡状态。在这两种状态之间存在"低水平均衡陷阱"。

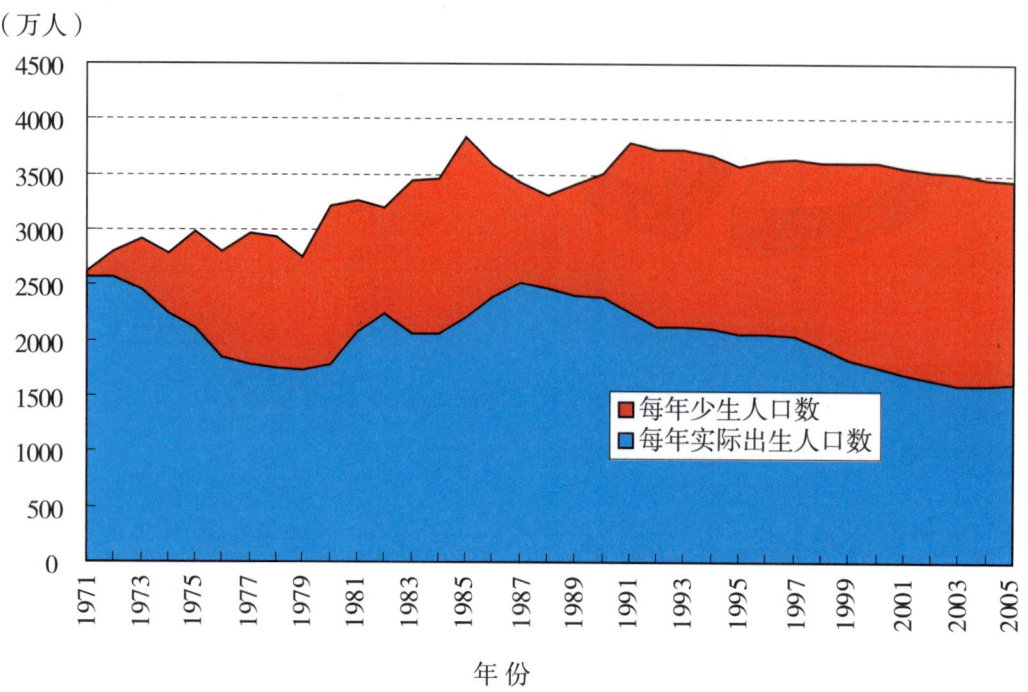

图10 中国实行计划生育以来少生人口数估计

资料来源:实际出生人口数为统计局公布数;其他来自《生育政策评估及建议》课题报告

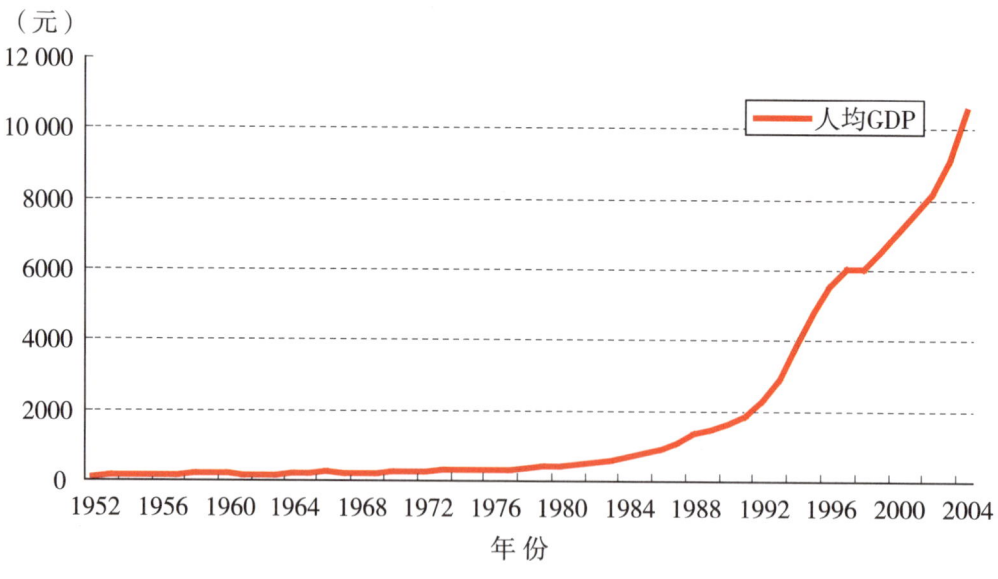

图11 中国人均GDP

资料来源:历年中国统计年鉴

——**人口发展轨迹的改变推动了人类发展指数不断提高**。新增人口数量的减少,为教育、卫生投资的增加创造了条件。从新中国成立到2000年,婴儿死亡率由200‰下降到28.4‰,平均预期寿命由35岁左右提高到71.4岁,营养健康水平和生活质量明显上升(见表7、图12)。全国初步实现基本普及九年义务教育和基本扫除青壮年文盲的目标(见图13),15~59岁人口平均受教育年限为7.85年,已达世界平均水平(见图14),受过高等教育的人数迅速增加。改革开放以来,中国人力资本存量翻了一番,成为吸引外资、承接世界产业转移的重要因素,对经济增长贡献率达24%。中国人类发展指数从1975年的0.523提高到2003年的0.755(见图15),在世界173个国家、地区中位列第85位。

表7 中国人口平均预期寿命　　　　　单位:岁

年份	总计	男	女
1953	40.3	39.8	40.8
1955	44.6	43.8	45.5
1960	24.6	24.3	25.3
1965	57.8	56.3	59.3
1970	61.4	60.3	62.5
1975	63.8	62.7	64.8
1980	64.9	64.4	65.3
1985[a]	69.0	67.0	71.0
1990[b]	68.6	66.8	70.5
1996[c]	70.8	68.7	73.0
1998[b]	71.2	69.4	73.1
2000[d]	71.4	69.6	73.3

资料来源:1953~1980年数据来自:Judith Banister. China's Changing Population. Stanford, California: Stanford University Press, 1987:116

注:a:《联合国人口年鉴》。

b:根据人口普查人口变动抽样调查数据计算。

c:1995年全国1%人口抽样调查数据计算,国家统计局人口与就业司提供。

d:国家统计局第五次全国人口普查资料计算。

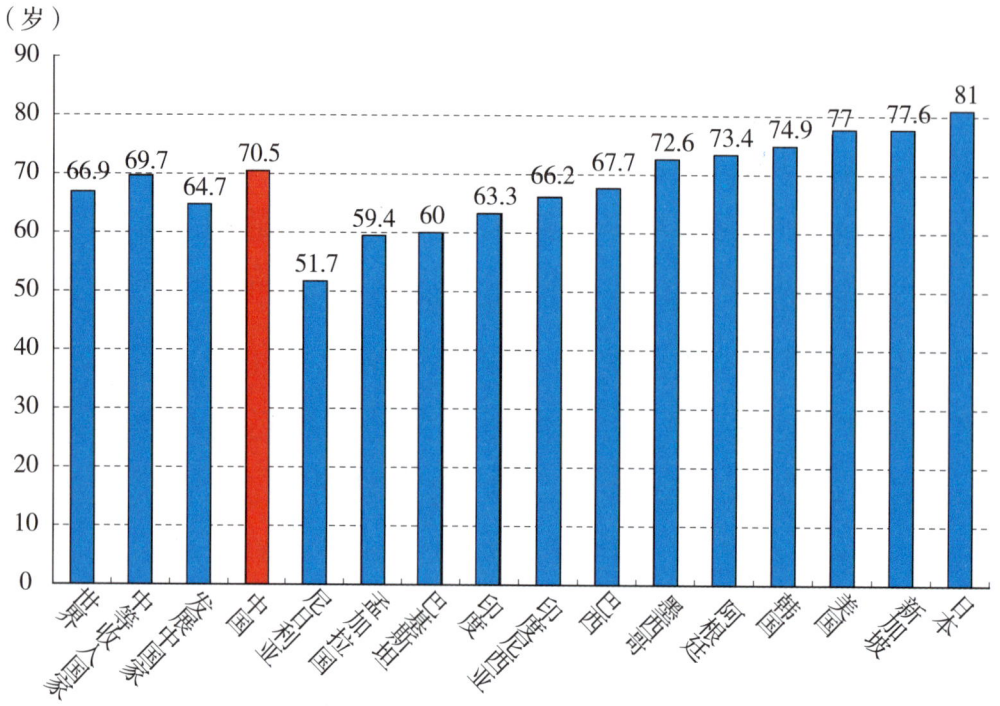

图12　2000年平均预期寿命的国际比较

资料来源:联合国开发计划署.人类发展报告(2002)

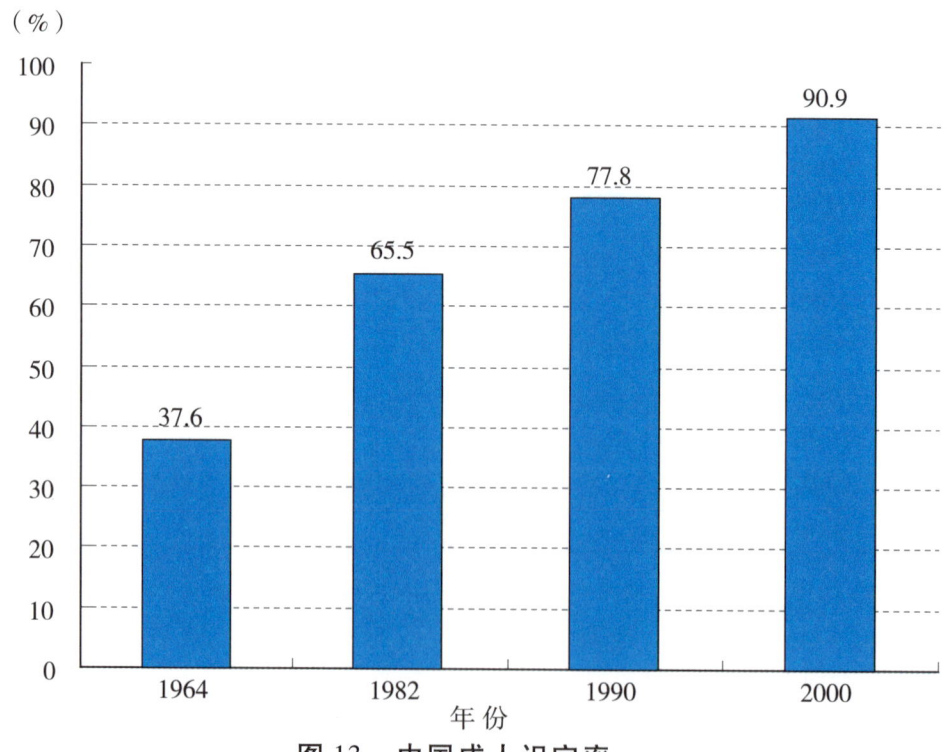

图13　中国成人识字率

资料来源:历次普查数据

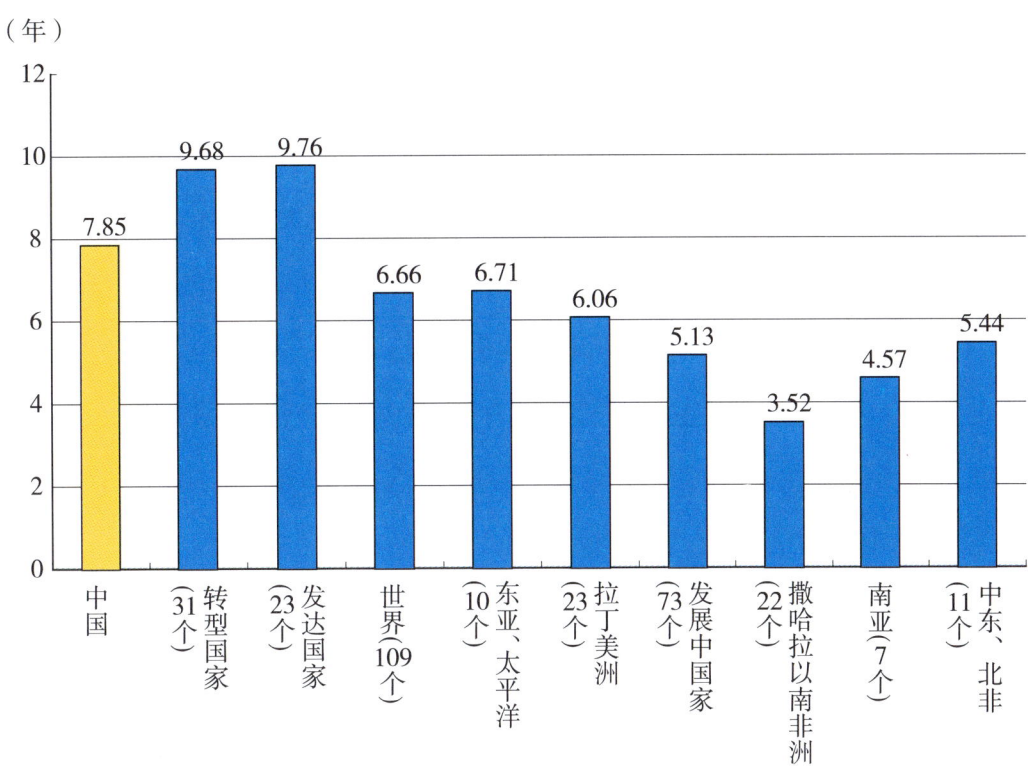

图 14　2000 年人均受教育水平的国际比较

资料来源：中国教育与人力资源问题报告课题组．从人口大国迈向人力资源强国

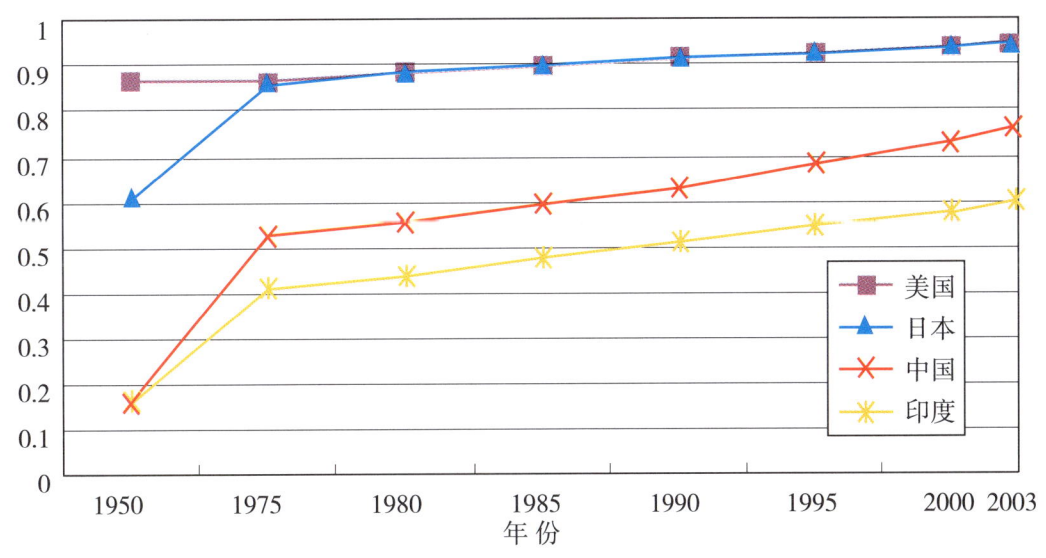

图 15　人类发展指数国别比较

资料来源：http://www.undp.org/hdr2002/indicator. 1950 年数据：N. Crafts. Globalization and Growth in the 20th Century. IMF Working Paper, 2000

——**人口的有效控制使人与自然的矛盾有所缓解**。实行计划生育基本国策以来,过剩劳动力减少1亿左右,人口对资源环境的压力及人居、生态环境恶化程度减轻20%以上,人均资源下降速度减缓,提高了生态空间的单位面积生产力,减轻了生态赤字压力。按少生4亿人计算,在过去的30年中,少消耗粮食2280亿千克,少占有耕地播种面积7.6亿亩,少消耗水资源2490亿立方米,少占用建成区面积132亿平方米,少占用生态空间7.6亿公顷,少排放废水204亿吨(见表8)。人口发展对自然资源的需求进入总量增加、增量下降的新阶段,增强了国家可持续发展能力。

表8 计划生育对可持续发展的贡献

指　标	2004年实际	如果不实行计划生育
人均耕地面积(亩)	1.51	1.15
人均粮食总产量(公斤)	362.22	276.78
人均森林面积(公顷)	0.13	0.10
人均草地面积(公顷)	0.31	0.24
人均地表水资源量(立方米)	1784.34	1363.43
人均煤炭基础储量(吨)	260.28	198.88

资料来源:根据《中国统计年鉴》有关数据推算
注:假定不实行计划生育时,资源环境总量仍能维持在目前的水平。

——**人口与发展政策的实施促进了人们生存与发展状况的改善**。中国实施人口和计划生育政策及一系列社会经济政策,解除群众的后顾之忧,为保障人的自由和选择权、享受人的尊严和权利创造条件,国际人发大会《行动纲领》和联合国"千年发展目标"不断落实,人权状况日益改善。中国人口控制使世界60亿人口日推迟了4年,得到了国际社会的充分肯定;妇女地位显著提高,2002年女性从业人员占社会总从业人员的46.5%,高于世界40.5%的平均水平;儿童成长环境不断优化,2004年1岁儿童计划免疫全程覆盖率为87.29%;老年人权益得到保障,2004年基本养老保险参保人数达1.64亿,老年人社会福利机构3.8万个,床位112.9万张,平均每千名60岁以上的老年人拥有床位8.4张;打破城乡二元结构,2005年城市化率达42.99%,赋予农民流动、择业的权利,加快农村劳动力转移的步伐,2004年农村劳动力流动就业人数达到1亿左右,提高了资源的配置效率;中国贫困人口持续减少,2003年比1978年减少2.2亿(见图16),扶贫开发与计划生育相结合的成功实践为世界反贫困开辟了一条崭新的思路。

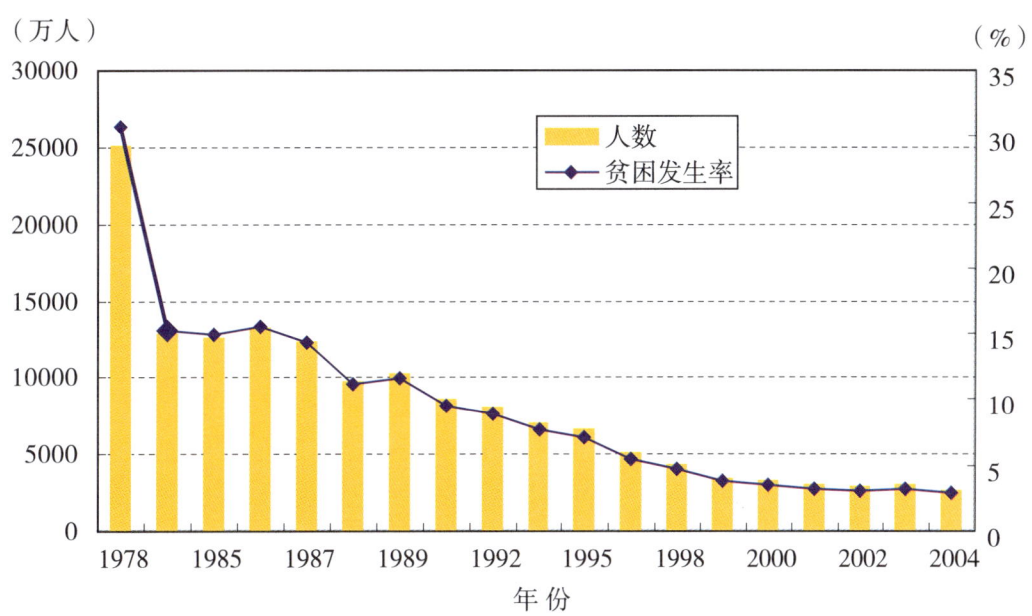

图16 中国农村贫困人口和贫困发生率

资料来源:国家统计局农村社会经济调查总队.中国农村贫困监测报告(2000,2001,2002);《生育政策评估与建议》课题报告.2005年中国发展报告

(二)基本经验

——坚持以邓小平理论和"三个代表"重要思想为指导,用发展的办法解决前进中遇到的新情况、新问题;

——坚持马克思主义人口理论与中国实际相结合,努力探索适

应社会主义市场经济体制要求的、具有中国特色的综合治理人口问题的道路；

——坚持长期实行计划生育基本国策，稳定和完善生育政策；

——坚持党政一把手亲自抓、负总责，充分发挥党和政府在人口和计划生育工作中的主导作用；

——坚持人口与发展综合决策，实施可持续发展战略，促进人口与经济社会资源环境协调发展；

——坚持以人的全面发展为中心，推进体制创新、管理创新和科技创新，不断提高社会管理和公共服务水平；

——坚持以开放务实的姿态融入国际社会，树立负责任人口大国的良好形象。

同时，我们也应当清醒认识到，计划生育是在特殊的历史时期实行的一项特殊战略政策。由于群众生育意愿与现行生育政策间依然存在显著差距，过去在广泛深入开展宣传教育的基础上，主要依靠行政手段成功控制人口过快增长，广大群众特别是育龄妇女为实行基本国策做出了牺牲和奉献，广大干部特别是计划生育干部为计划生育走出困境承受了波折和磨难；20世纪90年代，随着社会主义市场经济体制的完善，不断转变工作思路和工作方法，转向主要依靠地方法规和政策开展计划生育工作；21世纪初，随着依法治国基本方略的实施，以人为本的科学发展观的落实，转向主要依靠法制、政策和服务做好人口和计划生育工作，以实现好、维护好、发展好群众日益增长的多元化的需求、权利和利益。

四、中国人口发展进入新阶段

（一）中国人口发展面临重大转型

21世纪，经济、社会、人口发展进入了急剧变动时期，外部的国际环境、中国的基本国情、所处的发展阶段决定了中国正在全面进入重要机遇期。

——**国际转制**。经济全球化对中国是一把双刃剑,既创造了绝佳的机遇,也带来了空前的挑战:资源在世界范围重新配置和大规模高速度跨国流动,人力资本成为继物质资本之后新的资本形态,以人力资本竞争为核心的国际竞争日益激烈。由以物质资本为主转向以人力资本为主,资本由物转向人,使生产方式发生质变,是一个新时代的标志,意味着优先投资于人成为经济社会领域的主导,并成为生产力发展的微观动力机制。国际竞争机制的转变,使全球经济体系面临新的国际分工,世界格局也将面临新的划分。发达国家将进一步摆脱物质生产的拖累,成为向全球提供知识、技术、智能和思想的"头脑国家",使发展中国家经济产生波动,产业结构和市场受到冲击,甚至处于边缘状态而被排除在全球化进程之外。中国如果不能在以知识经济为特征的新一轮国际分工中抓住机遇,将人力资源的比较优势转化为人力资本的竞争优势,那么将进一步成为自主创新不足、以物质生产为主的"躯干国家",与发达国家的差距不断拉大。

——**经济转轨**。全面建设小康社会要求中国在经济已经高速增长25年的基础上,必须以年均7%左右的速度保持15~20年的继续增长,这在世界发展史上实属罕见。目前中国进入社会主义市场经济体制初步确立并日臻完善阶段,经济持续增长面临由需求约束向资源和需求双重约束转变,经济发展方式由物质资本主导型向人力资本主导型转变。与其他因素相比,未来经济增长将面临资源的硬约束,资源缺乏已成为中国经济高速增长的主要"瓶颈"。改革开放以来,中国经济发展以赶超为特征,走传统工业化高增长、高消耗、高代价、高风险的发展模式。从中国13亿人口这一最大国情考虑,如果继续以资源过度消耗和环境不断破坏为代价推进工业化,人均资源消耗达到美国目前的水平,全球的资源都将难以支撑,未来经济的高增长必将面临更高的风险。

——**社会转型**。在经济高速增长、综合国力大幅提升的同时,中国社会环境发生深刻变革,经济社会发展不相协调,人口与经济社会资源环境之间的矛盾凸现:二元社会结构一体化进程加快,社会阶层不断分化,利益格局、价值观念、心理预期和行为方式日趋多样,表现为社会需求多元化、家庭结构小型化、社会生活民主化、社会风险集中化,使社会关系调节更为艰难;农村小农经济的传统生产方式没有根本改变,人口增长与人均收入下降的"低水平均衡陷阱"内在机理依然存在,决定贫困人口难以消除;人口发展与经济转轨、产业结构升级不相适应,难以实现有效就业,人口数量大、素质低必然导致失业加剧;人和自然的关系不断恶化,成为经济持续发展和人的全面发展的巨大障碍。

——**人口转变**。在过去的 300 年间,世界人口增长了 10 倍,人口增长势头将在 2100 年前达到终点。中国是世界人口转变最快的发展中国家。人口转变使人口年龄结构变化依次呈现从高少儿、低老年型的高人口抚养比,到低少儿、低老年型的低人口抚养比,再到低少儿、高老年型的高人口抚养比的三个不同阶段。与第一、三阶段不同,在第二阶段,同时具备劳动年龄人口比重高、社会抚养负担轻、劳动力生产性强、社会储蓄率高的特点,有利于经济增长。未来 15~20 年是中国处于人口年龄结构最富生产性的历史机遇期。

国际经验表明,人均 GDP 达到 1000 美元是一个国家经济腾飞的起跑点,是社会全面进步的转折点:人口结构、经济结构、社会结构急剧变动,产业结构、社会利益格局发生重大变化,各种突出矛盾和深层问题不断暴露,人口容易失控、经济容易失调、社会容易失序、人与自然容易失和,社会伦理和运行机制亟待调整重建。中国已进入经济发展和社会稳定的双重敏感期,挑战与机遇并存。

(二)中国人口发展新阶段特征

伴随着国际竞争加剧、经济转轨加快、社会转型加速,中国人口发展进入"**稳定低生育水平、统筹解决人口问题、促进人的全面发展**"的新阶段:

1. 人口发展开始步入人口与经济社会资源环境协调发展的关键阶段

——**人口发展。从数量控制到人口与经济社会资源环境可持续发展的转折阶段**。打破长期以来人口控制的小平台,步入协调发展的大平台。人口对经济社会资源环境压力的方向发生变化,由人口数量的压力转变为人口数量、素质、结构、分布的多元压力,人口问题的性质从单纯人口数量膨胀的"小人口问题"转变为数量、质量、结构、分布并重与经济社会资源环境关系更为错综复杂的"大人口问题",人口问题由主要受生育政策影响向受经济增长和社会发展相关政策共同影响转变。

——**人口安全。从低风险进入多元风险加速集聚、陆续爆发的转变阶段**。人口安全问题日趋多元化、复杂化,既来自人口系统中人口数量、素质、结构、分布的互动,又来自于人口系统与经济系统、社会系统、资源系统和环境系统之间的互动,各因素交叉重叠。人口自身发展的惯性规律决定,人口不安全因素从潜在到显现有一个逐渐积累的过程,如不能及时化解,将导致延续几十年乃至更长时期的严重后果。人口安全问题有"牵一发动全身"的效应,局部危机如不及时控制将导致全局危机,甚至引发具有灾难性后果的经济社会安全问题。

——**人口目标。从控制人口数量到实现人的全面发展的转移阶段**。人口问题是发展问题,归根结底是人的全面发展问题。优先投资于人的全面发展,满足人们不同层次的需求,全面提升人的能力,充分挖掘人的潜能,在促进人的全面发展过程中,使人口由包袱变为资源,由负担变成财富。

2. 人口自身发展进入内在矛盾相互交织、复杂多变的显化阶段

——**人口数量。从稳定低生育水平阶段转向稳定适度低生育水平阶段**。人口转变基本完成后,人口规模处于从低增长到零增长的低速惯性增长的关键过渡阶段;人口增长类型由外生型向内生型转变,人口管理由行政控制为主向综合治理调控为主转变;全国总人口峰值控制在15亿左右,未来30年总和生育率保持在1.8左右,过高或过低都不利于人口与经济社会的协调发展。

——**人口素质。从人力资源大国转向人力资本强国的跨越发展阶段**。人力资源是能动资源,中国已经实现人口大国向人力资源大国第一次跨越。在低生育水平条件下,人力资本在可持续发展中将发挥更加突出的作用。21世纪,中国将实现由人力资源大国到人力资本强国的第二次跨越。

——**人口结构。从人口结构矛盾积累阶段转向人口结构矛盾凸显阶段**。人口年龄结构成为老年型,由老龄化的准备阶段转向应对阶段,由依靠子女保障向依靠自我和社会保障转变;出生人口性别结构失衡,由治标为主向标本兼治转变;人口社会结构分化,由"金字塔形"向"橄榄形"转变。

——**人口分布。从无序流动阶段转向有序流动阶段**。由封闭生态系统转变为开放生态系统,由自发无序流动转向规划调控与市场导向共同作用的有序流动,人口流动从身份识别转向能力决定的发展阶段。

——**人口行为。**资源消耗方式从自然行为阶段转向制度干预行为阶段。由自然平面生态系统转变为经济、社会、自然复合生态系统①,以制度规范行为,将反生态力量转变为亲生态力量。

3. 人口和计划生育工作进入全方位思路、内涵和途径重大转变阶段

——**人口和计划生育工作思路**:由单纯控制数量为主向在稳定低生育水平的基础上统筹解决人口问题转变;

——**人口和计划生育工作目标**:由强调国家利益向国家利益与个人利益有机统一转变;

——**人口和计划生育工作方式**:由行政制约为主向依法管理、利益导向、优质服务和综合施治转变;

——**人口和计划生育工作对象**:由已婚育龄妇女向已婚育龄妇女为主的全体人群转变;

——**人口和计划生育工作标准**:由注重完成人口计划向注重提高群众满意度转变。

总之,经济全球化、政治多极化、社会信息化和科技现代化为中国人口发展提供了重要的战略机遇,同时人口转变也为经济社会发展创造了难得的发展条件。要抓住经济社会和人口发展的有利时机,以科学发展观统领人口发展全局,进行理念、体制、机制创新,确保全面建设小康社会战略目标的实现。

五、构建社会主义和谐社会中的人口安全

(一)人口安全理念

1. 背景

人口安全的提出是全球化形势下提高国家综合实力和竞争力,

---

① 复合生态系统:以人为主体的生命与其栖息劳作环境、物质生产环境及社会文化环境间协调发展,共同构成经济—社会—自然复合生态系统。经济、社会、自然三个子系统间通过生态流、生态场在一定的时空尺度上耦合,形成一定的生态格局和生态秩序。

保障国家安全的必然要求。人口安全是国家安全的基石,是非传统安全观与人类安全观的发展和充实,是生存安全与发展安全的基本保障。

——从外在到自为:非传统安全观下的人口安全观。"冷战"结束以来,国际安全环境更为复杂,安全威胁形式更加多样,促使人们重新思考和界定国家安全,"非传统安全观"或"新安全观"应运而生。安全意识与安全概念从政治、军事等生存领域扩展到经济、社会、资源、环境、文化、科技、信息、人口等发展领域。追求和谐成为安全理念的核心,安全概念和政策的指向从过去着重确认和主要对付来自外部的威胁,延伸到关注、应对经济成长、政治稳定、社会进步、人口发展中可能出现的内部各种不安全因素。人口安全是国家安全中基础、独立的体系,人口从传统生存安全观中的外部限定因素变为非传统发展安全观中的内在自为因素。

——从生存到发展:人类安全观下的人口安全观。1994年《人类发展报告》率先提出"人类安全的出路在于发展",人类安全涉及经济安全、粮食安全、健康安全、环境安全、人身安全、文化安全和政治安全等方面。当今最大威胁不是来自国际,而是越来越多地来自国内人口增长、资源缺乏、城市扩张、移民剧增、环境恶化、恐怖活动、经济剥夺和日常生活中的不安全。人类安全观关注现实中的人,强调人的需求、人的价值和人的权利三大要素。联合国人口基金《2002年工作报告》提出:"人口问题基本上就是人的问题。"全球意义上的人类安全就是各国、各地区的人口安全。因此,中国作为占世界1/5人口的发展中国家,把增进人的福利、保障人的发展作为人口安全战略的重点。

2. 概念

一般来说,"安全"指的是没有危险、恐惧、不确定性以及免于担忧的状态和预防、保护的各种措施。"人口安全"是指在一定时期、一定区域和一定经济社会发展条件下,人口发展及其相关领域各种风险因素得到相对控制,避免或化解可能出现危机的状态。

判断人口安全有两个标准:

一是人口发展安全原则。从群体角度看,只要人口数量、素质、结构、分布各要素之间以及与相关经济社会资源环境要素之间产生较为突出的冲突和不协调问题,就可以认为人口处于潜在不安全状态。

二是人的全面发展原则。从个体角度看,只要生存和发展的权利、能力、机会、质量,尤其是人的健康、知识、技能和道德存在相对突出的矛盾和问题,并可能引发群体性或全局性重大问题,就可以认为人口处于隐性不安全状态。

人口安全是绝对安全和相对安全、内部安全和外部安全、整体安全和局部安全、长期安全和短期安全的统一。一方面人口安全容易受到经济、社会、资源、环境、文化、科技、信息等领域"不稳定因素"的影响,存在多方面的安全隐患;另一方面人口体系自身的不完善不仅对人口安全产生影响,同时还对经济、社会、文化等相关体系的安全起阻碍作用,直接影响国家安全。

3. 特征

从人口安全风险的产生、演进、爆发、干预等过程看,人口安全问题一般具有下列特征:

——来源的复杂性与影响的传递性。人口安全问题来自人口自身系统及与经济、社会、资源和环境系统相互作用等宏观因素,来自人的全面发展所涉及的生命历程各微观因素,具有多样性、复杂性。现代社会各因素间相互依赖日益加强,相互联系日益紧密,局部人口安全问题将迅速扩散成全局性的人口安全问题,个别人口安全问题连带产生一系列相关经济社会问题,对国家安全产生深刻的影响。

——**过程的模糊性与引发的突然性**。在人口系统运作中,各因素存在较多的间接关系,看似不关联的现象存在内在联系,中间环节不易被察觉,呈现黑箱机制。人口问题不断积累自身势能,最终在一定社会生产方式和时空条件下,引发人口安全问题,严重危及人口生存、繁衍、延续和经济社会发展。因此,人口问题形成的隐蔽性,过程表现的模糊性,人口安全问题显现的突发性,呈现"蝴蝶效应"。[①]

——**发展的长期性与失误的不可逆性**。人口发展具有长期性,人口再生产过程具有不可逆性。人一旦出生将享有生存、发展、繁衍权,便占用社会资源,生命周期长达70年以上,代际更替需要20年以上。人口安全问题上的任何失误,需要花费几十年甚至上百年的时间去解决,给经济和社会发展带来长期、广泛的负面影响。人口发展是不能失误的领域。

——**风险的预控性与治理的综合性**。对人口安全风险必须居安思危、未雨绸缪,增强人口安全的危机意识和责任意识,防患于未然。任何人口安全问题的出现,都不是单一人口政策所能解决,需要制定一系列人口和经济社会政策,利用多种手段,动员各种资源,集聚大量社会力量进行综合治理。

(二)中国人口发展趋势与特点

在原有矛盾未能根本解决,新的风险不断显现的情况下,面对构建社会主义和谐社会的要求和小康社会"翻两番"的目标,必须更加

---

① **蝴蝶效应**:一只南美洲亚马逊河流域热带雨林中的蝴蝶,偶尔扇动几下翅膀,可能在两周后引起美国得克萨斯一场龙卷风。其原因在于:蝴蝶翅膀的运动,导致其身边的空气系统发生变化,并引起微弱气流的产生,从而又会引起它四周空气或其他系统产生相应的变化,由此引起连锁反应,最终导致其他系统的极大变化。蝴蝶效应说明,事物发展的结果,对初始条件具有极为敏感的依赖性,初始条件的极小偏差,可能引起结果的极大差异。

关注人口发展。

人口高峰期出生的人群,在生命的不同阶段所伴生的各种人口高峰现象,给经济社会发展带来突发性效应。新中国成立以来出现过三次出生人口高峰,第一次为1950~1957年,第二次为1962~1973年,第三次为1985~1991年,年均出生2000万以上,最高时达2900万(见图17)。

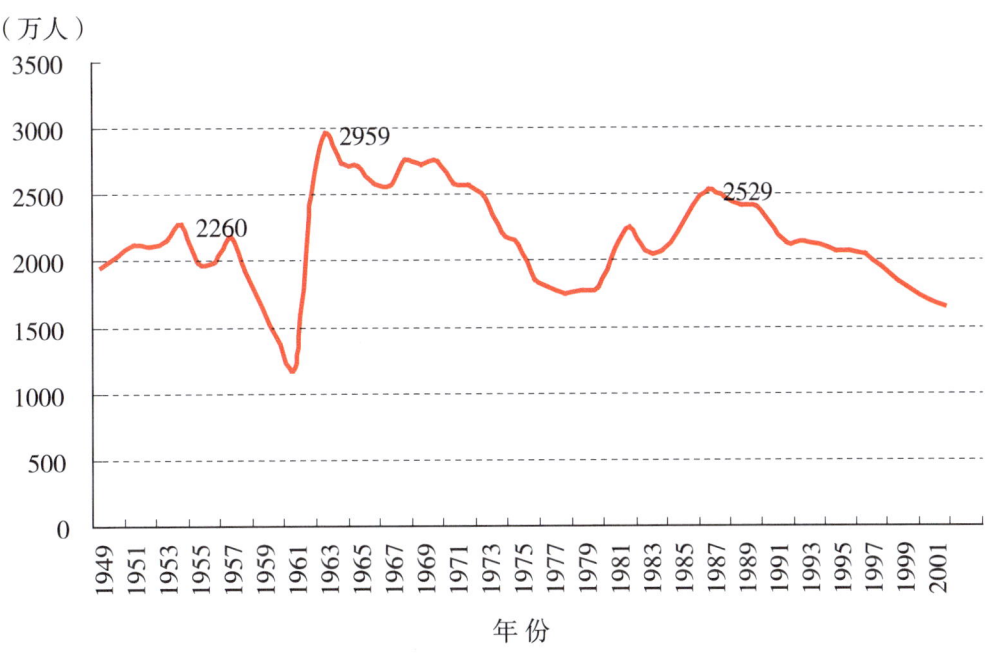

图17 中国三次出生人口高峰

资料来源:根据历年中国统计年鉴推算

人口发展态势将呈现多元联动的格局:总人口、劳动年龄人口、老年人口高峰相继到来;人口素质、出生人口性别比、流动人口、贫困人口、传染性疾病等方面问题相互叠加;生育、健康、居住、就学、就业、婚姻家庭、养老等方面隐患相互交织;失业人口对经济持续增长能力、人口社会分层对社会承受能力、老龄人口对养老保障承受能力、人的行为对资源承载力、人口规模对环境承载力等方面压力相互影响。未来中国人口与经济社会资源环境之间的关系总体上仍然处于紧张和失衡的状态,人的全面发展面临的危机依然存在,人口安全面临前所未有的复杂局面。

1. 从人口发展的规律看

人口发展存在八大矛盾。

——**人口总量仍将持续增长**。由于人口增长的惯性作用,人口总量继续保持增长态势,未来十几年中国人口仍然每年净增800万~1000万左右,呈现出"低增长率、高增长量"的发展态势。在经济起飞的初期,生育的私人成本大大低于社会成本,经济的增长、人均收入的提高往往刺激生育。按照党的十六大提出的2020年GDP比2000年翻两番,人均3000美元,倒推2020年我国总人口必须控制在14.6亿以内,平均总和生育率保持在1.8左右,确保全面建设小康社会目标的实现,任务十分艰巨。据预测,2033年总人口达到15亿左右的峰值,此后缓慢下降(见图18)。

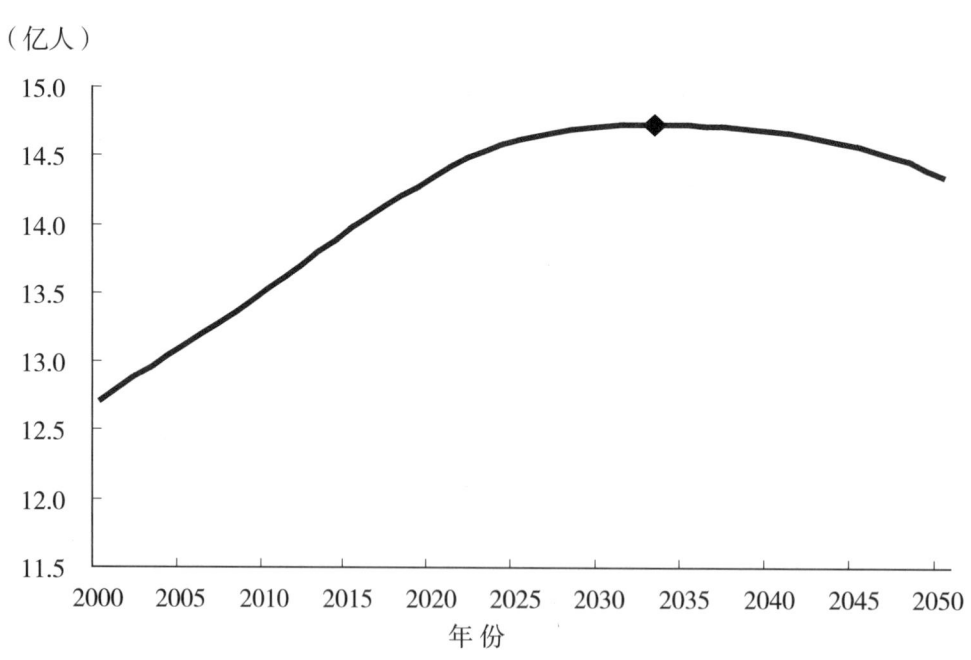

图18 中国总人口变动预测

资料来源:《人口发展预测》课题报告

同时应当看到,目前低生育水平面临回升压力和反弹风险。随着第三次人口高峰期出生的人口进入生育旺盛期和第一代独生子女进入婚育期(见图19、图20),将出现"双峰叠加"的现象,形成低生育水平条件下的人口出生高峰;现阶段群众的生育观念没有根本转变,"儿女双全"、"生男孩"的愿望仍然强烈(见图21);再加上管理对象多元化、手段相对弱化、体制不健全等各种因素共同作用,将导致生育率上升。

占全球1/5的庞大人口,是中国经济社会可持续发展的基础性制约前提,也影响着世界人口总体发展趋势。

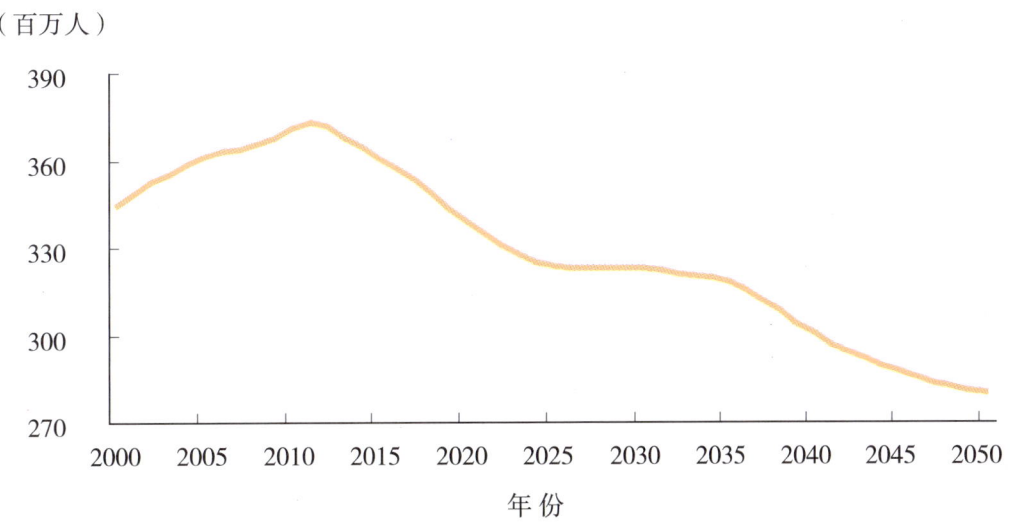

图19　中国未来育龄妇女(15～49岁)人数预测

资料来源:《人口发展预测》课题报告

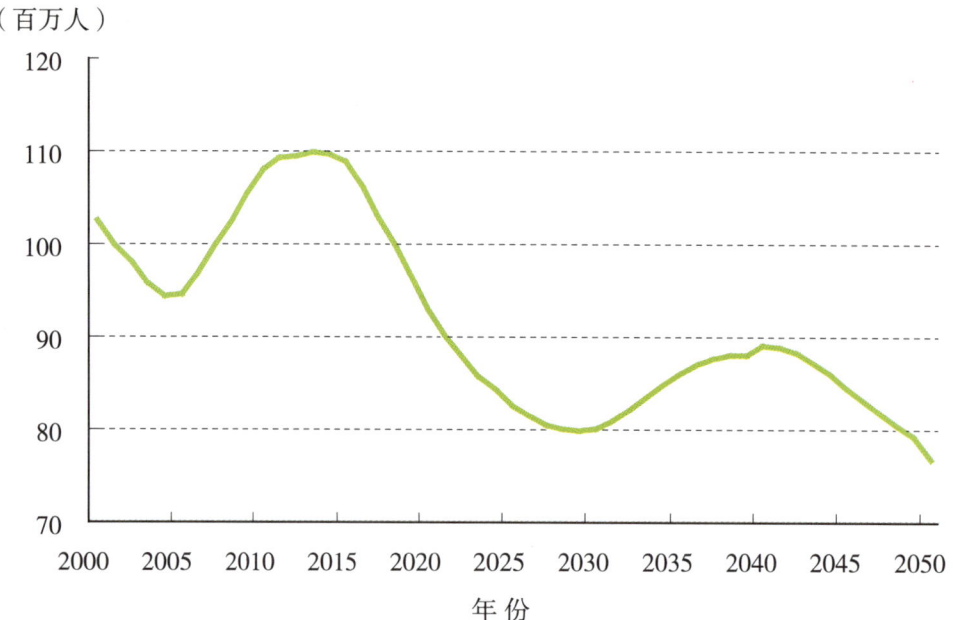

图 20　中国未来生育旺盛期育龄妇女（20~29 岁）人数预测

资料来源：《人口发展预测》课题报告

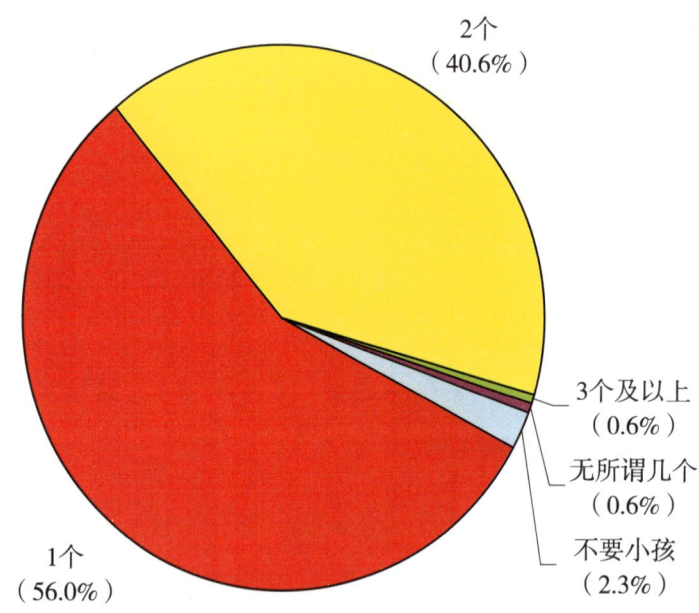

图 21　中国城镇一孩已婚育龄妇女理想子女数分布

资料来源：2001 年计划生育生殖健康调查资料

——**劳动年龄人口规模庞大**。2005 年中国 15～64 岁劳动年龄人口占总人口的 68.7%，达 8.97 亿，比整个西方发达国家的就业人口还多 3 亿多。劳动年龄人口于 2016 年达高峰 10.1 亿，占总人口的 71.6%；2020 年仍高达 10 亿，占总人口的 70%，2050 年还将保持在 8.8 亿，与 2001 年持平（见图 22），但劳动年龄人口的平均年龄将从 2004 年的 35.8 岁升高到 41.3 岁（见图 23）。庞大的劳动大军将直接关系到国家就业安全和经济社会发展。

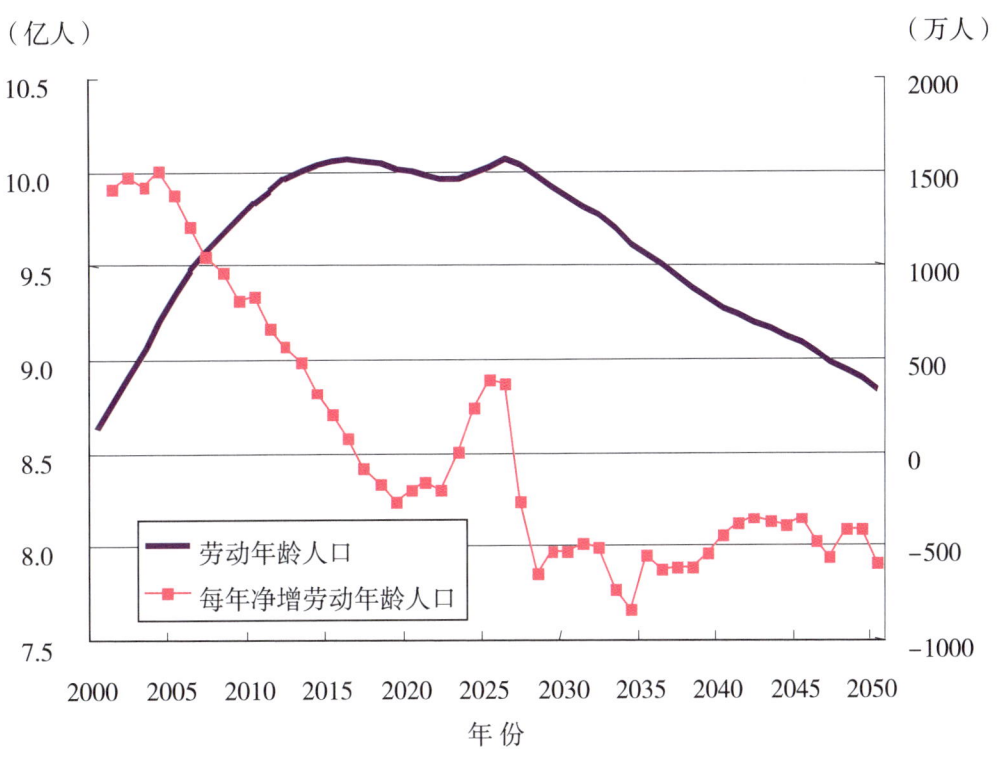

图 22 中国劳动年龄人口变动预测

资料来源：《人口发展预测》课题报告

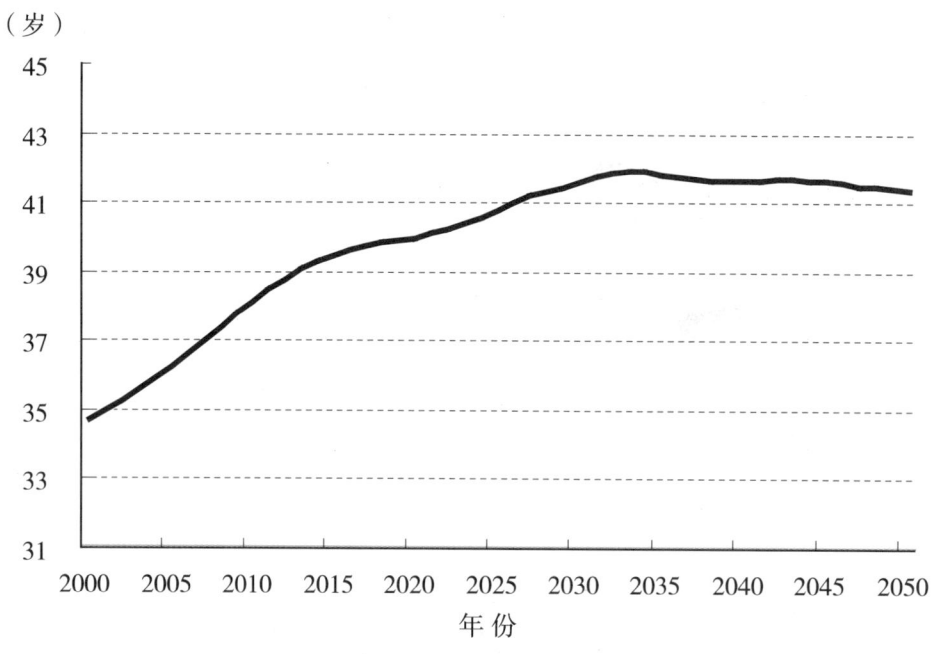

图 23　中国劳动年龄人口年龄中位数变动预测

资料来源：《人口发展预测》课题报告

——**人口老龄化进程加快**。中国人口老龄化具有老年人口数量多、超前于经济发展、高龄化趋势明显等特点。老年人口占世界老年人口总数的1/5，占亚洲的1/2，绝对值在整个21世纪高居世界之冠。发达国家人口结构从成年型到老年型，普遍经历70~80年，而中国仅用了20年的时间。发达国家进入老龄社会时人均GDP一般在5000~10000美元以上，而中国进入老龄社会时人均GDP按当年价格计算仅约为800美元（购买力平价计算为3976美元，见表9）。从2000年到2020年，中国65岁以上老年人口比重将从6.7%增加到11.2%，净增5个百分点，老龄化将进入历史空前的快速递增阶段。预计本世纪40年代后期达到22%后，缓慢上升，形成高峰平台（见图24），每4个人中就有1个老年人。目前，80岁以上高龄老年人口以每年3.7%的速度增长，2020年将达到2200万，2050年将达到8300万（见图25），届时中国将成为一个高龄社会。快速人口老龄化不可避免地给人口经济社会发展安全带来严峻的挑战。

表9 进入老年型社会时人均GDP的国际比较

国家和地区（年份）	人均GDP（美元）（购买力平价）	老龄化程度（%）	
		60岁及以上人口比例	65岁及以上人口比例
世界（2000）	7446	10.0	6.9
中国（2000）	3976	10.1	6.8
美国（1950）	10 645	12.5	8.3
日本（1970）	11 579	10.6	7.1
以色列（1975）	12 270	11.8	7.8
韩国（2000）	17 380	11.0	7.1
新加坡（2000）	23 356	10.5	7.2

资料来源：人均GDP（2000）数据来自联合国开发计划署．人类发展报告（2002）或推算；日本数据来自 UN System – Wide Earthwatch Website；美国数据来自 Indur M. Goklany. Economic Growth and the State of Humanity. PERC，2001；老龄化数据来自 World Population Prospect，2002

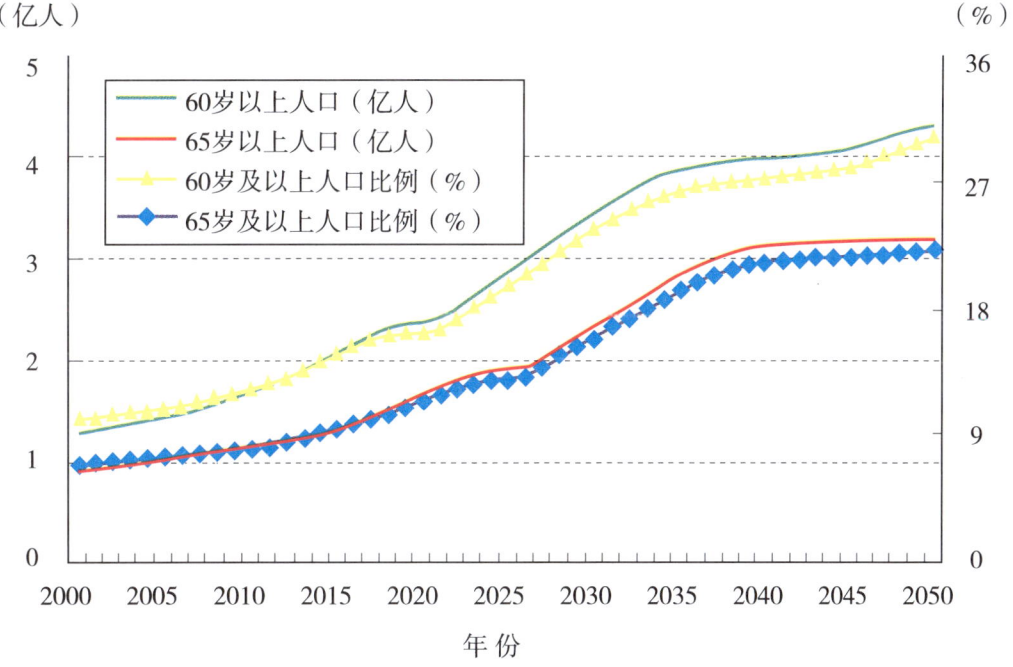

图24 中国人口老龄化预测

资料来源：《人口发展预测》课题报告

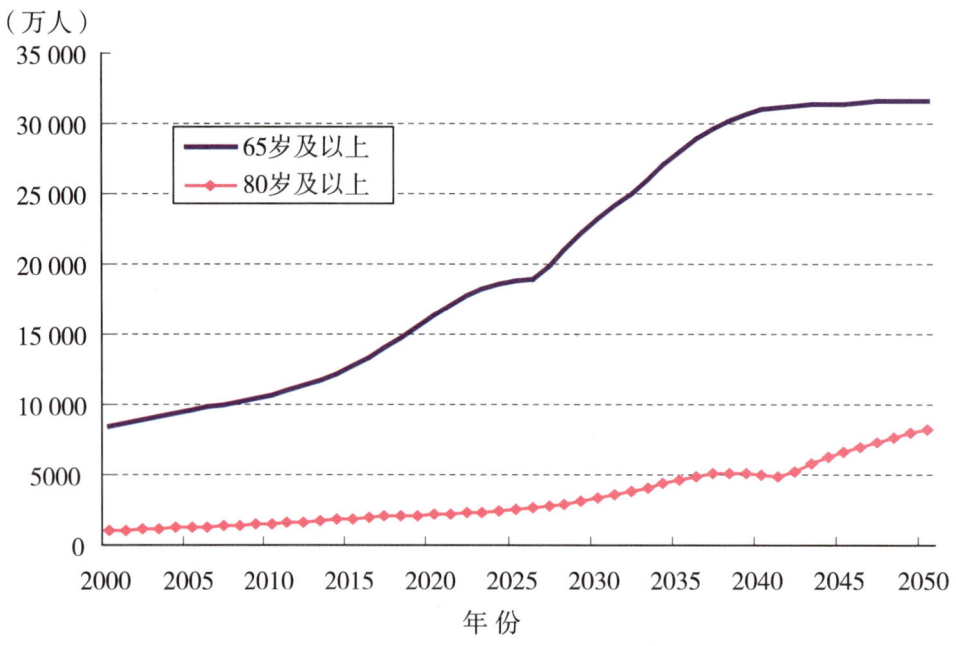

图 25　老年(65 岁以上)及高龄人口(80 岁以上)变动预测

资料来源:《人口发展预测》课题报告

——**人口素质总体不高**。人口素质总体上明显改善,但与现代化发展要求相比依然差距较大,存在深层结构性缺陷,出生人口素质、身体健康素质、科学文化素质、社会公德、职业道德、社会信誉、文明程度等亟待提高。

一是人口健康素质较差。人口健康素质成为影响中国人口安全的重大挑战之一,存在缺医少药、营养保健不良、生态环境恶化、生活方式非理性化等影响人口健康的问题。严重的出生缺陷影响着人口的健康和智力储量,损害人的全面发展的宝贵潜力。全国新生儿出生缺陷发生率为 5% 左右,每年出生缺陷实际发生数约为 100 万(见表 10),相当于每 30~40 秒出生一个缺陷儿,同时,出生缺陷发生风险有逐年升高的趋势;中国健康预期寿命[①] 62.3 岁,居世界第 81 位,

---

① **健康预期寿命**:在人口平均预期寿命中,排除因患病、伤残导致不能健康生活的时间后剩余的预期寿命。健康预期寿命反映了人口的生存质量。

男女健康预期寿命仅占其预期寿命的71.20%和67.81%,不仅远远低于发达国家,甚至低于一些经济发展水平不如中国的发展中国家;目前中国有明确诊断的慢性病患者约1.6亿,残疾人约8300万,地方病患者约6000万。

表10 中国主要出生缺陷类型和每年发生人数估计

主要出生缺陷类型	每年发生人数(万)
先天性心脏病	22
神经管畸形	10
唇腭裂	5
先天愚型	3
其他	40~80

资料来源:《人口健康素质》课题报告

二是人口科学文化素质较低,制约综合国力的进一步提高。2000年全国15岁及以上文盲、半文盲达8700多万。基础教育尚未全面普及,每年约500万初中生不能按时毕业,为同批小学入学新生的1/4,辍学、失学严重,2002年初中毕业生升学率仅为58.3%(见图26)。2000年,25~64岁劳动力人口平均受教育年限为7.97年,仅相当于美国100年前的水平,具有高等教育学历的比例仅为5.2%,约为经济合作和发展组织各国的1/4(见图27)。1999~2000年,我国每百万人口中从事研究与开发的人员为545人,仅相当于中等收入国家的2/3、高收入国家的1/6(见图28)。[①] 农村人口科学文化素质尤为令人担忧,2000年15~64岁农村人口具有小学及以下受教育程度的高达47.6%,比城市高出31个百分点。

---

① 中国教育与人力资源问题报告课题组. 从人口大国迈向人力资源强国. 高等教育出版社,2003

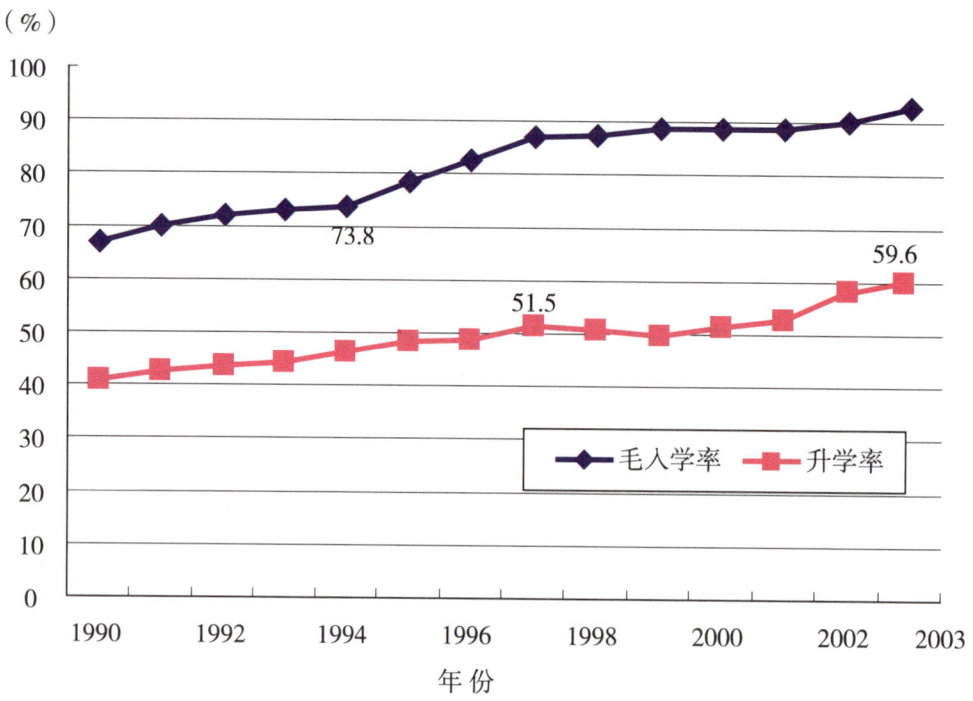

图 26　中国义务教育阶段的毛入学率和升学率

资料来源：《人口教育素质战略研究》课题报告

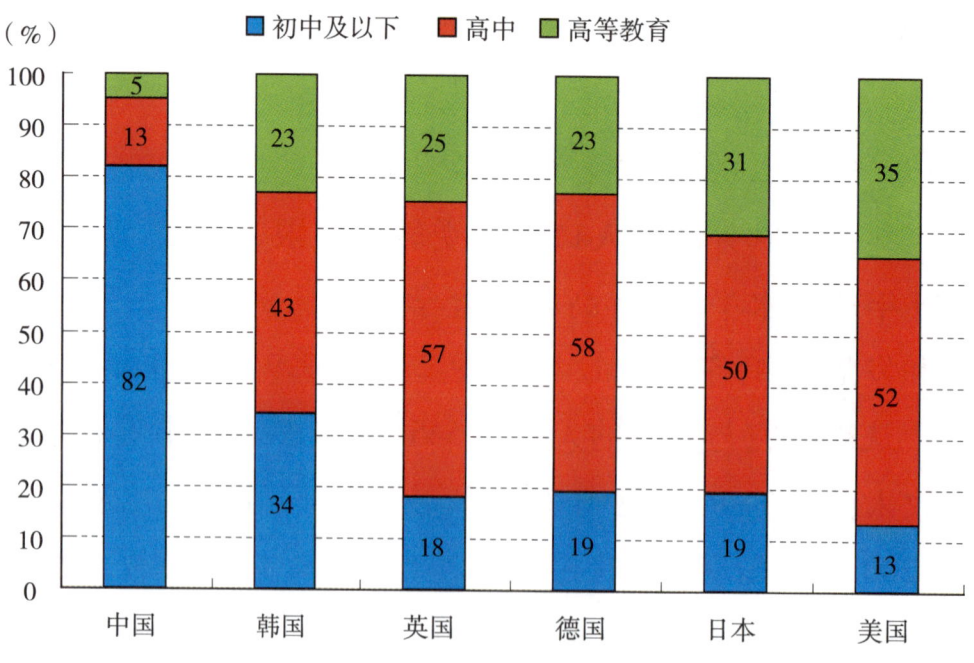

图 27　25~64 岁人口教育水平构成的国际比较

资料来源：①OECD. Education at a glance. OECD indicators 2001，p. 43；②中国数据是根据第五次全国人口普查资料测算的

注：中国数据是 2000 年数据，其他国家的数据是 1999 年数据。

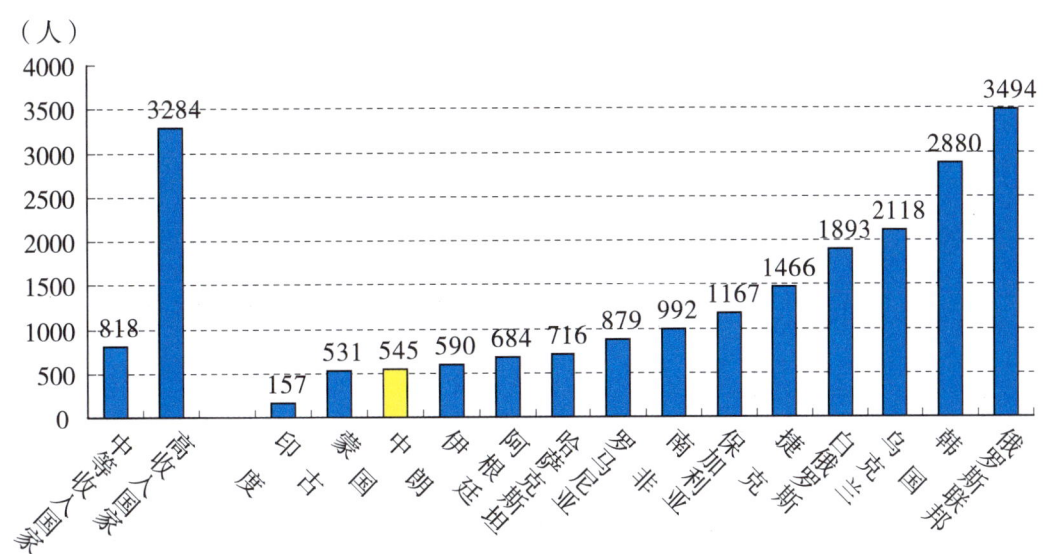

图28 2000年每百万人从事研究与开发的研究人员数的国际比较

资料来源：国际统计年鉴2004

三是人口道德素质不容乐观。伴随社会转型，价值选择多元，个体行为趋向独立、自我、务实，个人生活追求物质、功利、享乐，部分人群缺乏理想、道德、信仰、信念等意识形态的支撑，失信行为屡见不鲜。

人口素质不高为中国经济社会可持续发展危机埋下一个历史伏笔。

——**出生人口性别比居高不下**。中国出生人口性别比①从20世纪80年代开始持续偏高，2005年高达118.6（见图29），严重偏离正常范围，并呈现孩次越高出生人口性别比越高的特点，个别省份甚至超过130（见表11），至今未有回转迹象。据预测，2020年20~45岁男性比女性多3000万人左右。随着出生人口性别比偏高时期出生人口的生命演进，性别结构失衡造成的不良社会影响将日趋显现，2005年开

---

① **出生人口性别比**：活产男婴数与活产女婴数的比值，通常用女婴数量为100时所对应的男婴数来表示。出生人口性别比由生物学规律决定，正常值保持在103~107。

始出现婚姻挤压①现象。婚姻作为社会阶层流动的一种方式,传统婚姻模式形成较高层次的男性与较低层次的女性结婚的普遍现象,农村和贫困地区将成为婚姻挤压的重灾区,处于社会底层的低收入人群成为最终受害者。性别比失衡将使现代社会婚姻关系和婚姻制度趋于弱化和无序,引发性犯罪、拐卖妇女和性交易等性罪错现象,直接影响人民生活质量、妇女社会地位、家庭幸福、公众安全及社会稳定。

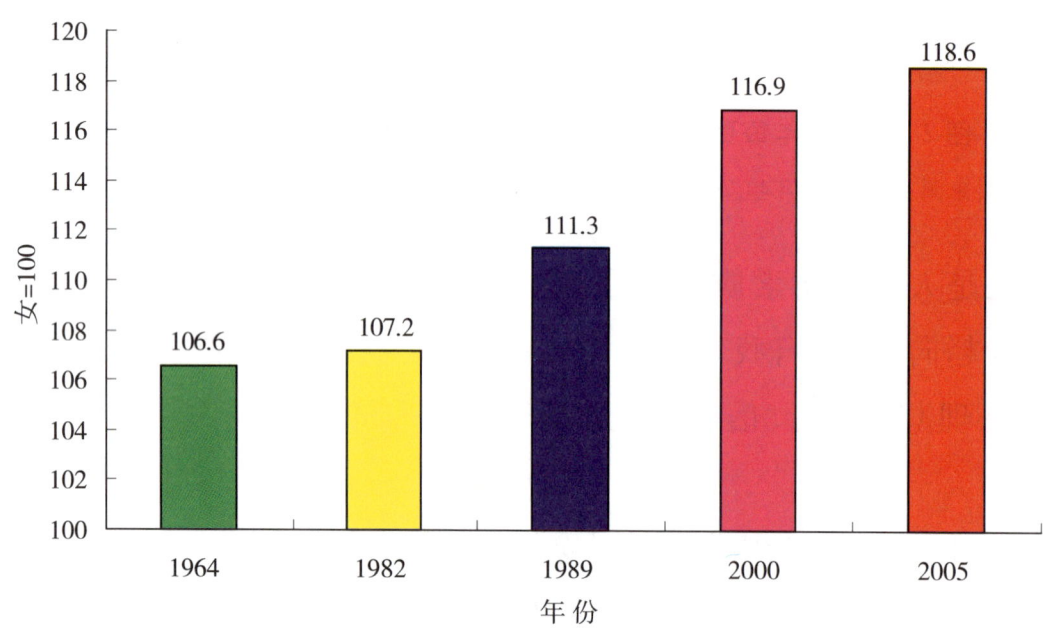

图29 中国出生人口性别比变动情况

资料来源:1964年、1982年数据为1988年全国生育节育调查结果;1989年、2000年为第四次和第五次全国人口普查数据;2005年为国家统计局公布数

---

① **婚姻挤压**:处于婚龄期的男、女性人口数量不平衡导致的失婚现象。其产生有政治、经济、社会等各种原因,比如战争期间男性死亡率很高,或男性劳工大量迁移国外,都会造成未婚女性过剩、未婚男性短缺的女性婚姻挤压;因性别歧视而堕女胎、溺女婴等,则会造成未婚男性过剩、未婚女性短缺的男性婚姻挤压。

表 11　各省(自治区、直辖市)2000 年出生人口性别比

地区	合计	城市	镇	乡村
全　国	116.86	112.81	116.51	118.08
北　京	110.56	112.98	109.59	104.89
天　津	112.51	106.39	111.97	120.16
河　北	113.43	109.63	112.87	114.3
山　西	112.52	108.90	114.56	113.13
内蒙古	108.45	106.30	106.22	110.12
辽　宁	112.83	110.27	114.92	114.24
吉　林	111.23	110.78	111.14	111.55
黑龙江	109.71	109.92	109.38	109.69
上　海	110.64	110.52	111.60	110.30
江　苏	116.51	111.81	116.86	118.52
浙　江	113.86	110.88	115.67	114.57
安　徽	127.85	113.33	124.98	130.87
福　建	117.93	113.83	117.10	119.54
江　西	114.74	113.04	107.42	116.37
山　东	112.17	109.02	111.24	113.61
河　南	118.46	112.86	122.41	118.97
湖　北	128.18	120.94	125.58	132.36
湖　南	126.16	115.92	122.21	128.96
广　东	130.30	124.47	133.38	132.84
广　西	125.55	117.16	127.41	126.48
海　南	135.64	140.52	139.52	132.79
重　庆	115.13	107.33	110.29	118.09
四　川	116.01	109.72	110.32	118.16
贵　州	107.03	105.56	112.01	106.57
云　南	108.71	104.27	104.74	109.72
西　藏	102.73	102.87	103.82	102.61
陕　西	122.10	115.26	113.99	125.61
甘　肃	114.82	111.38	120.86	114.75
青　海	110.35	105.72	106.17	111.86
宁　夏	108.79	105.08	104.82	110.07
新　疆	106.12	107.11	105.10	106.02

资料来源:第五次全国人口普查资料

——**流动人口持续增加**。工业化、城市化快速推进,引发城乡关系调整,人口流动性增强,二元体制加速转型。2000年居住与户籍异地的流动人口为1.44亿,其中由乡村流入市、镇的占78.6%,达1.13亿。2003年23.2%的农村劳动力外出务工,其中举家外出的劳动力2430万,随父母进城的6~14岁义务教育阶段适龄儿童约643万。农村外出务工劳动力月平均收入约690元,平均年务工时间为8.1个月。① 未来城市新增人口和新增劳动力主要来自农村,人口城市化将以每年1个百分点左右的速度增加(见图30),今后20年还将从农村转移出3亿人口。人口流动总体上有利于经济社会发展,但5亿人口的迁移和流动对人口城市化合理布局、城市管理、防止贫困、生态建设等安全问题造成巨大压力。

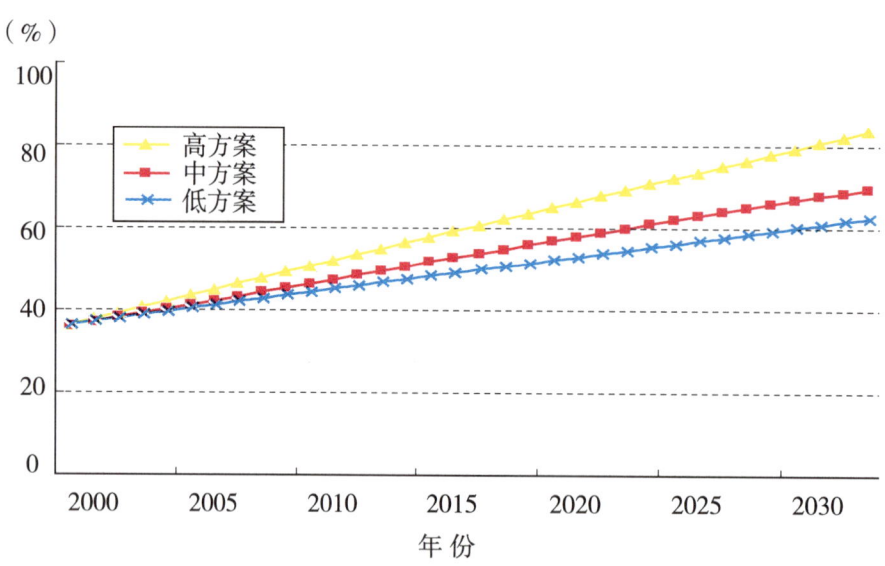

图30 中国城市化水平预测

资料来源:《中国城镇人口和城镇化水平增长预测研究》课题报告

---

① 《以城镇化促进人口迁移》课题报告

——**贫困人口结构趋于多元**。改革开放以来,中国农村贫困人口规模和贫困发生率大幅度减少,仅剩的绝对贫困人口是由资源、灾害、疾病、风险性、制度性贫困所致,减贫措施的边际效应下降,同时脱贫后的返贫率较高。农村贫困人口以资源和能力双重约束型贫困为主要特征;2005年农村绝对贫困人口2365万,贫困发生率为2.5%。城市贫困人口增多,以人力资本约束型的能力贫困为主要特点,2004年获得最低生活保障的城镇居民为2205万(见图31),占城镇人口的4.0%。按照联合国每天1美元的标准,1990~2002年贫困发生率为16.6%(见表12)。由失地农民、失业人口、进城务工人员、老年人口等演进的新型贫困群体正在形成,消除贫困的任务更加艰巨。

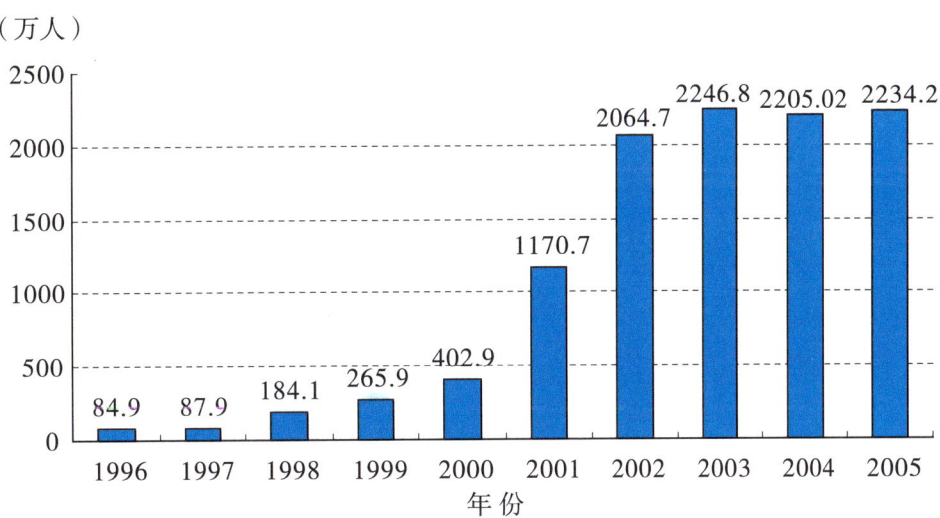

图31　中国最低生活保障制度开展以来每年城镇保障人数

资料来源:历年《中国民政统计年鉴》

表12　1990~2002年贫困发生率的国际比较　　　　　单位:%

国家	人口比例	
	收入不足1美元/天·人	收入不足2美元/天·人
中国	16.6	46.7
印度	34.7	79.9
印度尼西亚	7.5	52.4
巴西	8.2	22.4
巴基斯坦	13.4	65.6
孟加拉国	36.0	82.8
尼日利亚	70.2	90.8
菲律宾	14.6	46.4
秘鲁	18.1	37.7
蒙古	13.9	50.0
墨西哥	9.9	26.3
纳米比亚	34.9	55.8
埃及	3.1	43.9
斯里兰卡	6.6	45.4

资料来源:联合国开发计划署.人类发展报告(2004)

——**艾滋病等流行病不断出现**。与行为密切相关的疾病流行模式的变化,使得艾滋病等流行病不再是纯粹的公共卫生问题,而是复杂的社会问题。滥用抗生素等药物导致细菌和病毒耐药性日趋严重,人口流动的加剧和生态环境的破坏,使得血吸虫病、肺结核和白喉等已被控制的传染性疾病死灰复燃,艾滋病、禽流感、口蹄疫和SARS等新发传染病不断出现。

艾滋病是极具破坏性的传染病,使世界面临严重的发展危机。中国近年来艾滋病流行范围广,发病率呈快速上升趋势。2005年全国艾滋病病毒感染者和病人约65万,其中艾滋病病人约7.5万例。最新评估结果显示,中国艾滋病疫情仍呈上升趋势;新发生的感染以注射吸毒和性传播为主;发病和死亡依然严重;疫情由高危人群向一般人群扩散,存在进一步蔓延的危险。[1]

---

[1] 中华人民共和国卫生部,联合国艾滋病规划署,世界卫生组织.2005年中国艾滋病疫情与防治工作进展.2006年1月24日

流行病正在成为一个日益严重的全球性问题,对国家安全和国际交往影响重大。

2. 从人口与经济社会资源环境发展规律看

21世纪中国现代化战略目标的实施与经济社会发展的承载条件已被现有的自然资源与生态格局框定。21世纪前半叶,是中国人口、经济、社会、资源、环境等要素碰撞最为激烈的时期,在现有技术和制度框架下,人口发展五大压力将成为现代化进程必须解决的重大问题。

——失业人口对经济持续增长能力的压力。 受中国城市化加快发展、人口年龄结构剧烈变化、农村人口继续向城市转移、经济更广泛地融入世界经济体系等因素影响,尤其是经济转轨导致摩擦性和结构性失业,劳动就业需求与劳动力供给的矛盾将长期存在。

2005年城镇登记失业人口达839万人(见图32),结转企业下岗职工210万人,2000年城镇实际失业率8%以上(见图33)。2003年以后每年高校毕业生超过300万,2005年达326万,大学生就业难的状况短期内难以改变。按目前农村劳动生产力水平,2005年农村劳动力4.8亿,其中3.2亿为农业劳动力,剩余劳动力达1.6亿人,占农村总劳动力的1/3,据预测,每年向城镇、非农产业转移剩余劳动力1200万(见图34),每年还新增农村劳动力600万~800万人,年均需要从农村转移出约1900万过剩劳动力。总之,每年城乡新增劳动年龄人口1000万人以上,每年全国有2000多万人需要安排工作,但目前新增就业机会只有800万个,就业压力巨大。近年来,技术工人短缺逐年加剧,就业岗位总量不足与劳动力结构性短缺并存。

劳动力供大于求的压力相当长时期内难以消除(见图35),就业面临来自城乡双重压力,总量与结构彼此困扰,新增劳动力与失业人员相互交织。就业是效率和公平的结合点,失业率过高必然导致收入差距拉大,最终影响经济的可持续发展,危及社会安定,甚至威胁国家安全。

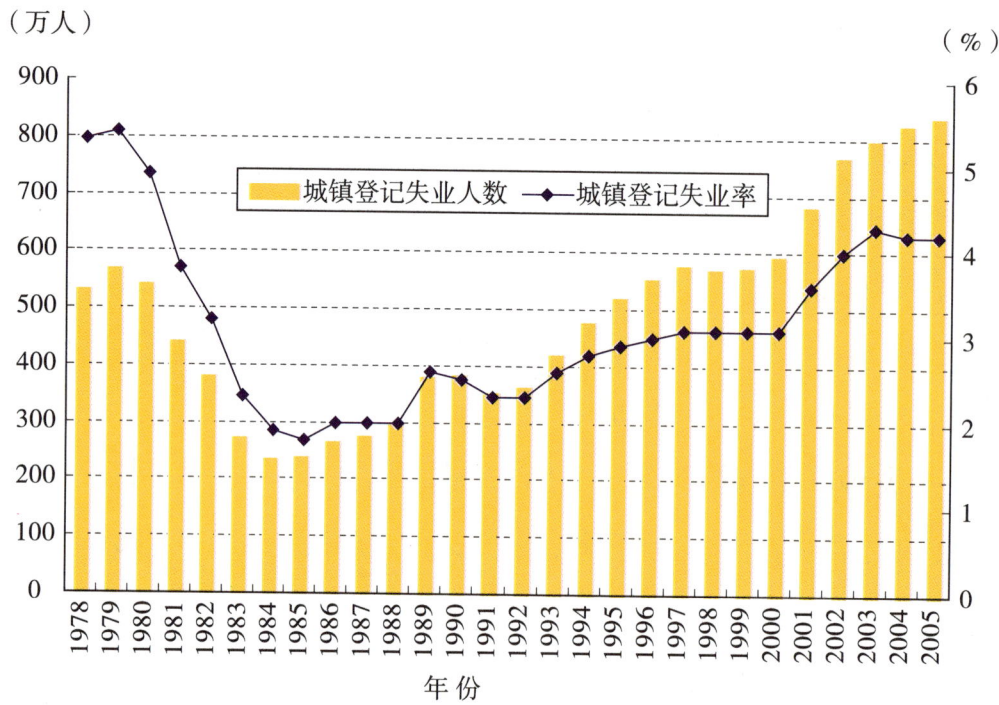

图 32 中国城镇登记失业人数和失业率

资料来源:新中国五十五年统计资料汇编;2005 年数据来自:中国统计年鉴 2006

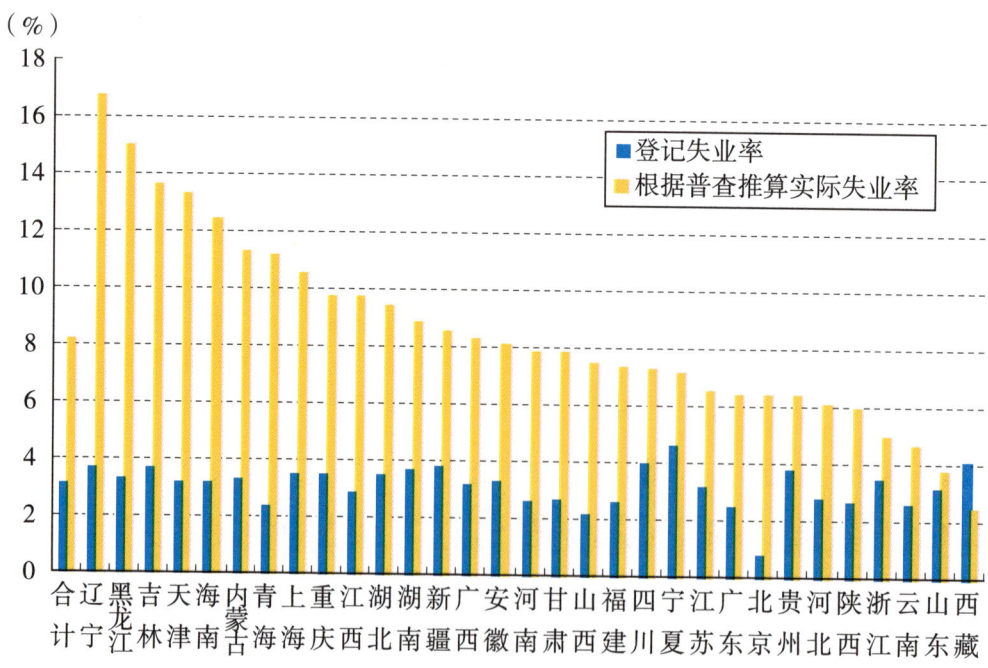

图 33 2000 年各地区城镇失业率

资料来源:中国劳动统计年鉴;《劳动年龄人口与就业》课题报告

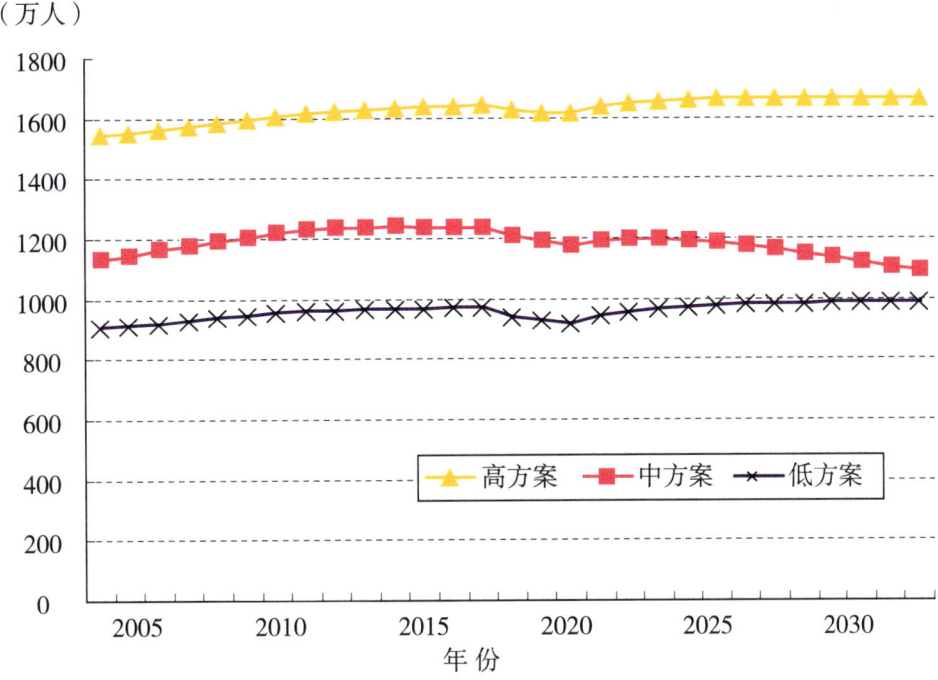

图 34　中国从乡村转移到城市的劳动力数量预测

资料来源：根据《中国城镇人口和城镇化水平增长预测研究》课题报告和《人口发展预测》课题报告推算

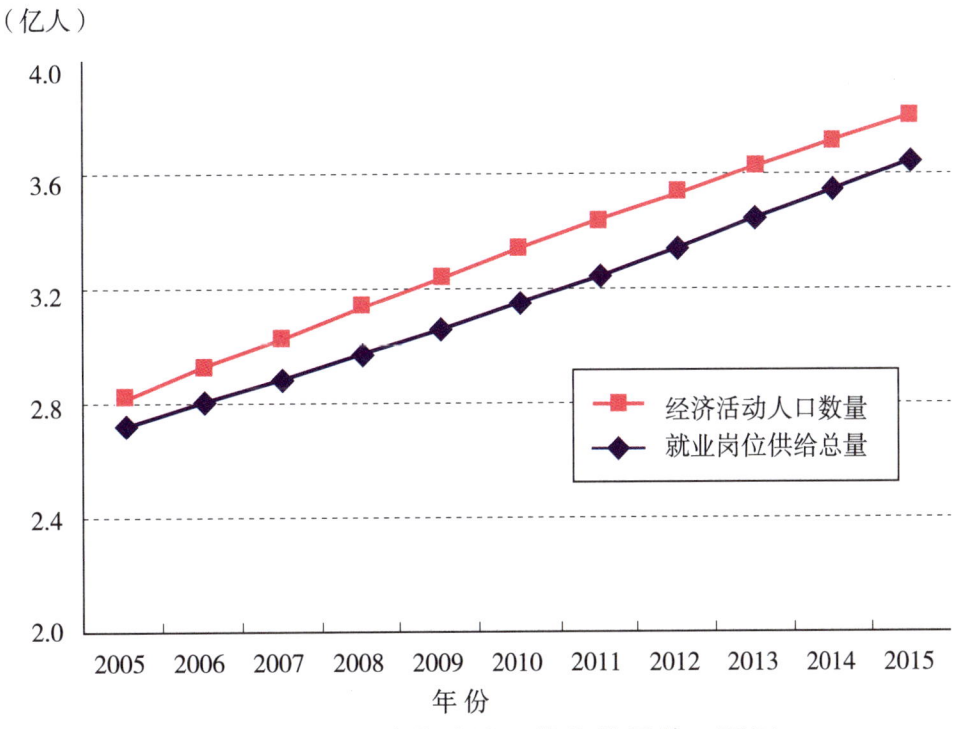

图 35　中国城镇劳动就业岗位供需情况预测

资料来源：根据《中国城镇人口和城镇化水平增长预测研究》、《人口发展预测》、《劳动年龄人口与就业》课题报告推算

——人口社会分层对社会承受能力的压力。过去 20 年是中国收入差距扩大最快的时期。目前基尼系数达到 0.4 以上,越过了国际公认的警戒线(见图 36)。城镇居民生活总体上已进入小康水平,而多数农民生活仍处于温饱向小康转变的过程中。2004 年农民人均纯收入与城市居民人均可支配收入之比为 1:3.1(见图 37),加上城市居民享有的保险、医疗、住房等福利待遇,实际差距达 1:6。2003 年农民储蓄存款仅占城乡居民总额的 17.5%,人均储蓄存款不到城镇居民的 1/10,城乡平均有 20 年的收入增长差距。在人口城市化过程中,城市内部出现进城务工人员与城市职工的新二元结构,数以亿计的进城务工人员虽已脱离农村,却仍处于"半迁移"状态,经济上低收入、公共服务上低享受、生活上低质量、政治上低参与、权益上低保障,难以融入城市文明。2000 年中国 63% 的总人口、66% 的老年人口、70% 的少儿人口、67% 的学龄人口、60% 的劳动年龄人口、59% 的育龄妇女、84% 的青年文盲人口都在农村,决定了中国人口与经济社会发展的主要矛盾在农村。统筹城乡发展,以城市带动农村,以工业反哺农业,将农民转化为市民,成为切实解决农村人口问题的关键。

城乡间、地区间、产业间、行业间、体制内外的收入分配不公平广泛存在,社会阶层构成发生了新的变化,不同所有制、不同行业、不同地域间频繁流动,人口职业、身份不断变动,出现正在转化为工人的进城务工人员,私营业主和个体经营者,受雇于私营、外资、合资等体制外企业的白领及工人,城乡无业、失业和半失业等新的社会阶层。在整个社会阶层人口中,城乡无业、失业、半失业者阶层约为 7.1%,农业劳动者阶层约为 44%,产业工人阶层约为 22.6%,商业服务业员工阶层约为 12%,底层人口总计 85.7%。目前的金字塔形社会分层离橄榄形相差甚远(见图38)。人口社会分层①及各社会阶层之间的差距趋于扩大(见图39),税收、社会保障、公共产品供给、财政转移支付等政策造成的城市贫民阶层已经出现、弱势群体不断增加,中等收入阶层比例较低,公平、开放、合理、稳定的现代社会阶层结构远未形成,成为引发社会危机的重要因素。

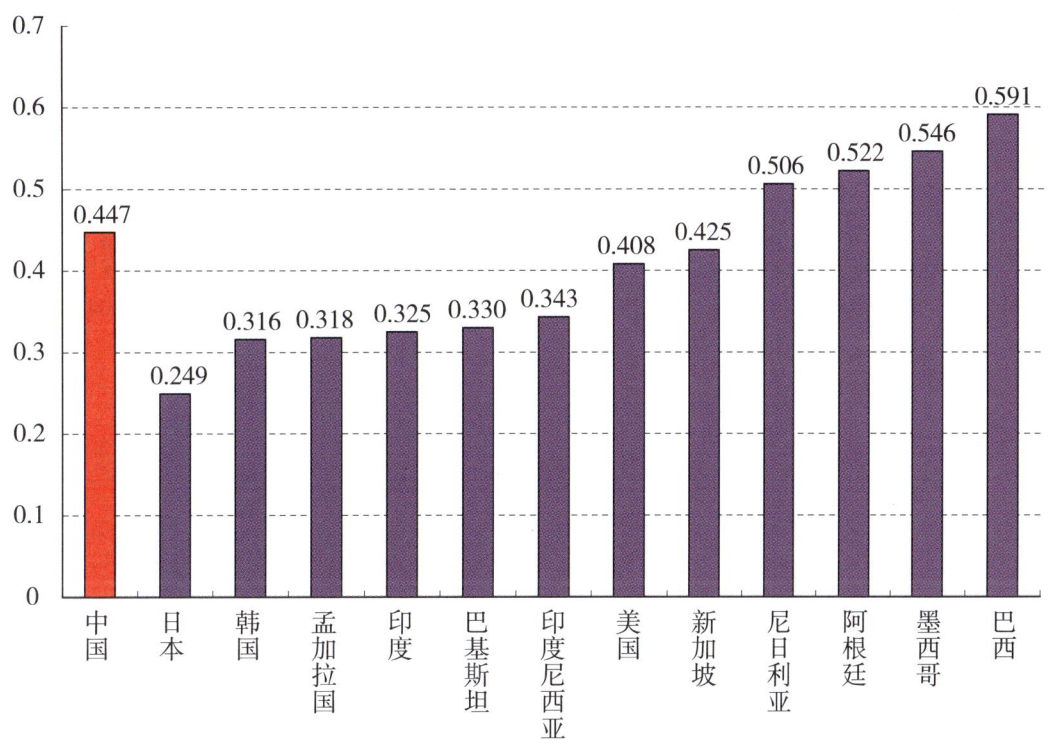

图36 基尼系数的国际比较

资料来源:联合国开发计划署. 人类发展报告(2004)

---

① **人口社会分层**:将人口按职业、收入、教育程度等指标划分为不同的社会集团,各自具有相对独立的利益。社会分层的实质是社会资源在不同群体之间的不均衡分配。传统的社会结构是底层大、中间层小的"金字塔形"结构,占人口绝大多数的底层占用较少的资源,而为数不多的上层占用较多的资源。而现代社会结构呈中间大、两头小的"橄榄形"或"纺锤形"结构,顶层和底层人数较少,庞大的社会中间层成为社会稳定的保障。

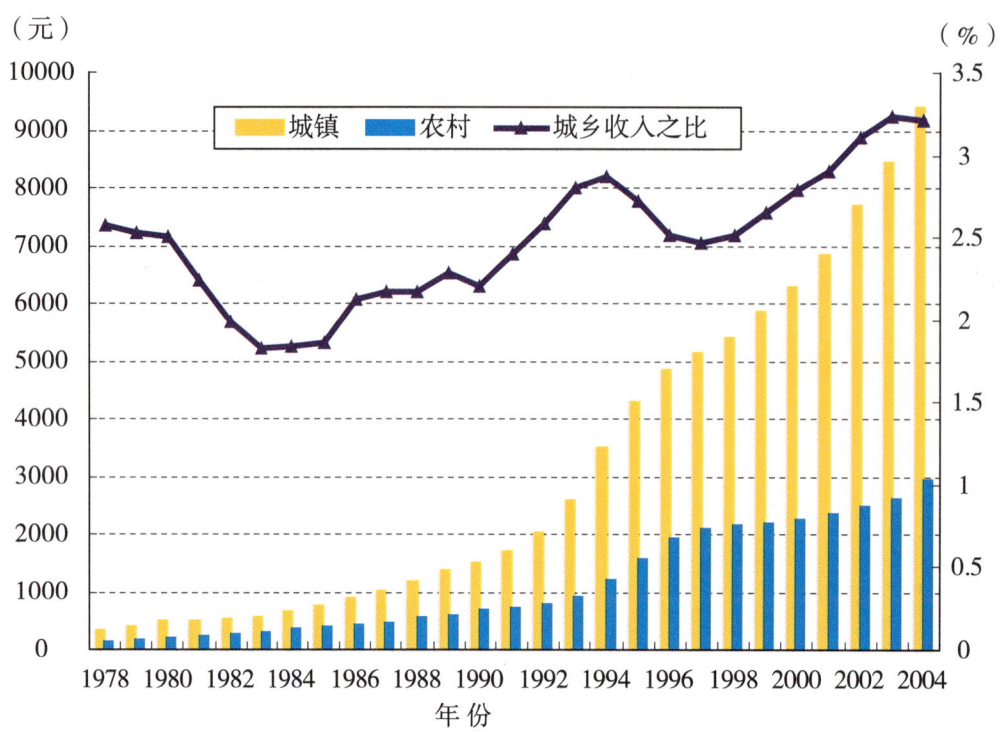

图37 中国城乡居民家庭人均收入

资料来源:新中国五十五年统计资料汇编

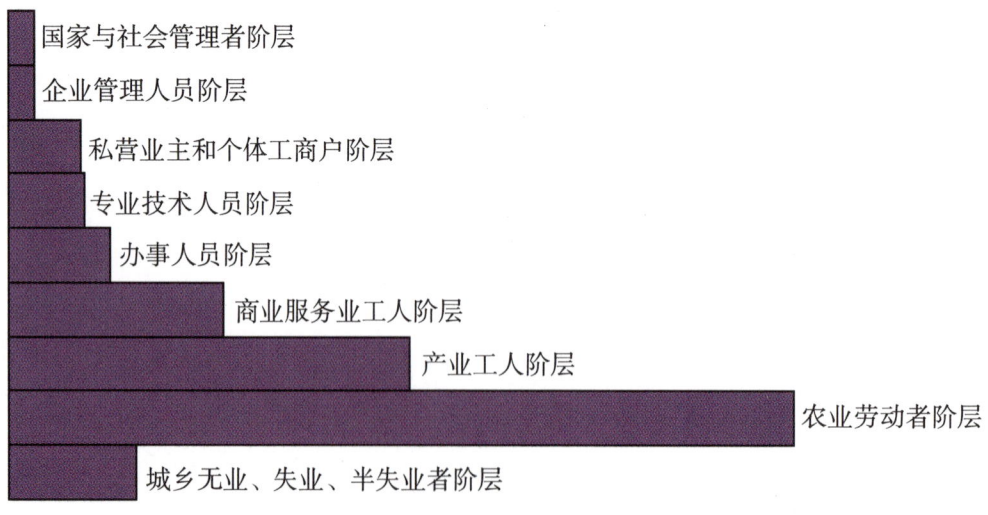

图38 中国社会阶层构成示意图

资料来源:《人口发展与家庭、社区和社会阶层》课题报告

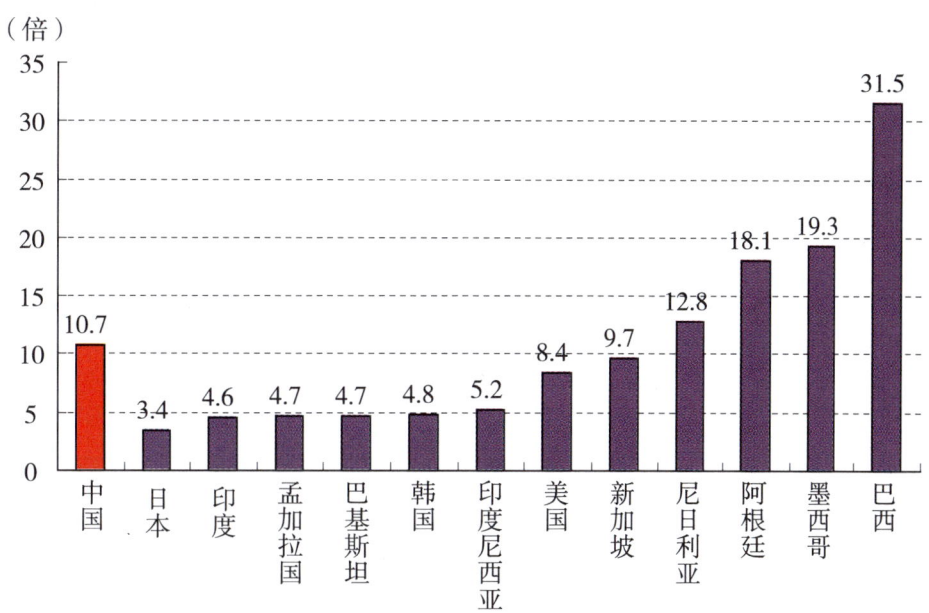

图39 国际最富的20%人口与最穷的20%人口收入之比

资料来源：联合国开发计划署．人类发展报告（2004）

——**老龄人口对养老保障承受能力的压力**。中国快速进入老龄社会，出现未富先老和未备先老同时并存现象，解决老年人的经济供养、生活照料、精神慰藉问题是本世纪经济社会发展的重大挑战。中国迄今尚未建立起完善的养老保障体系。青壮年大量迁入城市，农村老龄化比城市更为严重，养老问题更为突出。2000年老年抚养比、空巢家庭老人占总人口比例农村分别为11.4%和2.6%，城镇为8.3%和2.6%；预计2020年，农村为24%和6%，城镇为12%和4%（见图40、图41）。在城市，社会养老保障体系不完备，养老基金缺口大，保值增值难，预计2020年养老保险统筹基金累计缺口将达1.21万亿元（见图42）。在农村，缺乏社会养老保障制度，由于家庭小型化、空巢化和土地收益下降，传统的家庭养老功能日益弱化，养老风险不断加大。据2000年中国老龄委抽样调查，农村老年人39.3%认为生活相对贫困，45.3%认为生活得不到保障。

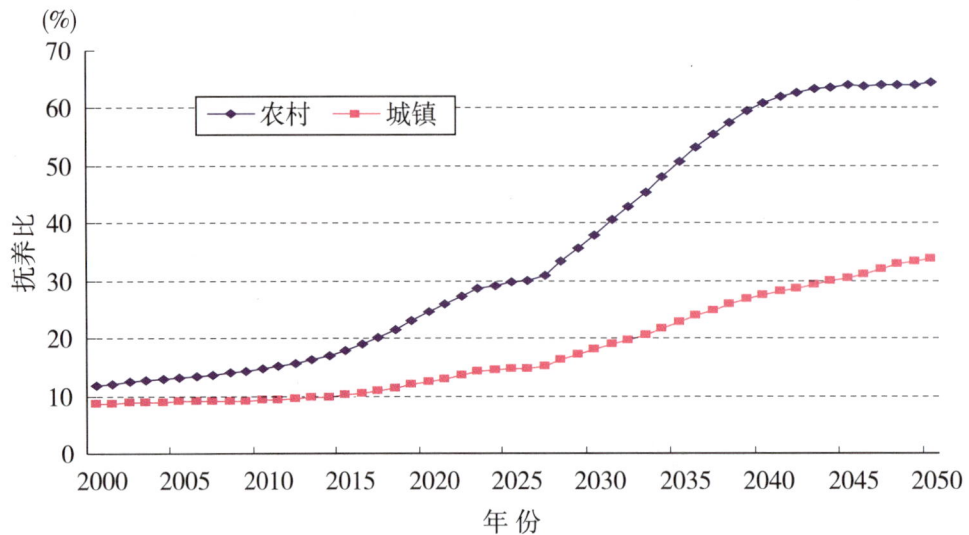

图 40　中国老年人口(65 岁及以上)抚养比预测

资料来源:《中国城乡家庭结构预测与人口政策分析》课题报告

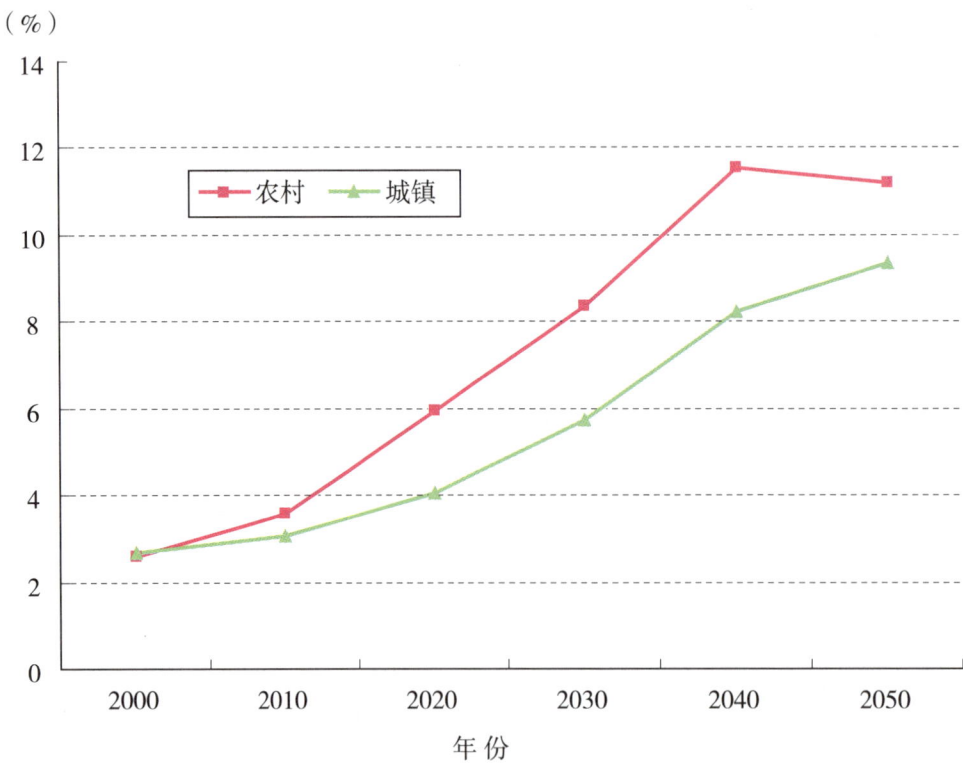

图 41　中国空巢家庭老年人口(65 岁及以上)占总人口比例预测

资料来源:《中国城乡家庭结构预测与人口政策分析》课题报告

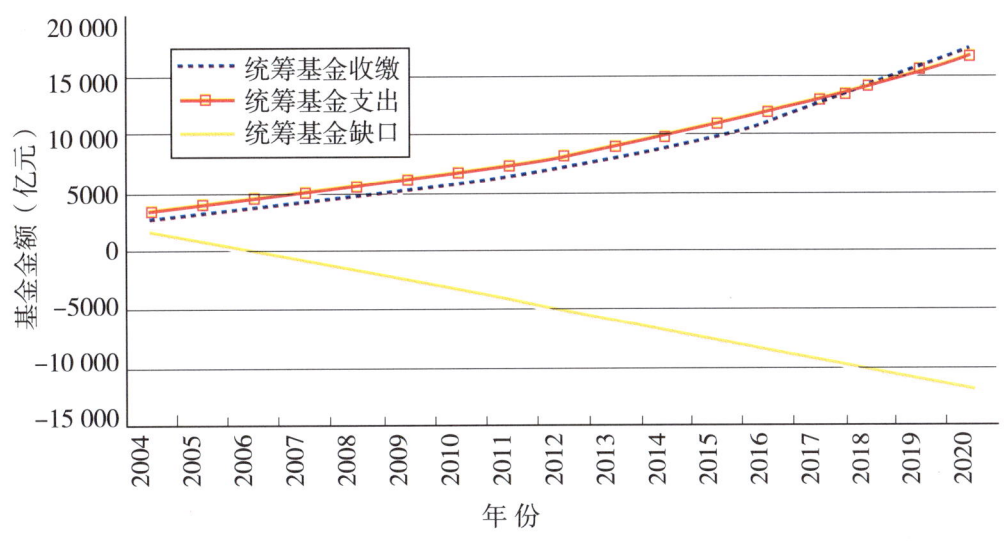

图 42　中国统筹基金收支与缺口

资料来源:《人口与社会保障研究》课题报告

——**人的行为对资源承载力的压力**。人力资源与耕地、淡水、能源、矿产等自然资源之间保持适当的比例关系,才能推动经济社会发展。中国人口从 1949～2005 年的 56 年间剧增了 7.7 亿人,增幅达 141%,大大超出自然资源的增长幅度,使人口与资源之间的比例关系严重失调。生产、生活方式落后,技术进步和体制创新滞后于资源消耗的速度,人口总量增加、资源利用效率低下、工业化和城市化加快、人们生活水平提高等决定了中国正处在资源压力的上升阶段,资源供需矛盾日益尖锐。

淡水、耕地、石油三大关键性资源是影响中国经济社会发展最严重的约束性资源。

一是中国为世界上 13 个贫水国家之一,加上中国地形复杂,时空分布差异较大,668 个城市中 400 多个是缺水城市。2005 年,中国人均水资源量只有 2098 立方米,约为世界人均水平的 1/4(见表 13),维持在生存最低保障线的边缘。中国农田灌溉用水占全国总供水量的 63%,有效利用率仅为 30%～40%,每立方米水的粮食生产能力只有 1 千克,不到发达国家的一半,尤其是"北粮南运"使原本水资源匮乏的北方缺水干旱问题更加严重;工业和生活用水逐年增长,GDP 每增长 1 个百分点,用水量增加 0.177 个百分点,大大超过发达国家零增长的水平,人均水资源量逐年下降,加剧水资源的供需矛盾。按人均综合用水 420～450 立方米计算,2020 年水资源最低需求总量为 6032 亿～6463 亿立方米,人口高峰时期最低需 6188 亿～6630 亿立方米(见图 43),较目前增加 16%～24%,从长远看,水资源短缺的制约更为突出。

表 13 中国人均资源占有量占世界平均水平的比例

人均资源指标	占世界平均水平的比例
人均耕地	1/2 以下
人均淡水资源	1/4
人均森林面积	1/8 以下
人均草场占有量	1/2 以下
人均矿产资源	1/2
人均石油	1/4
天然气	1/18

资料来源:根据《中国统计年鉴》等推算

二是由于人口与耕地反向发展、人均耕地占有量持续下降的趋势在较长时期内难以逆转,国家耕地资源安全态势十分严峻。2004 年中国耕地为 18.4 亿亩,只占国土面积的 10%,人均耕地仅 1.41 亩,不到世界平均水平的 1/2。即使未来耕地资源规模保持在目前 18 亿亩的水平,预计未来人均耕地将下降到 2010 年的 1.33 亩、2020 年的 1.25 亩和 2033 年的 1.22 亩(见图 44),分别比 2000 年减少 12%、17% 和 19%。

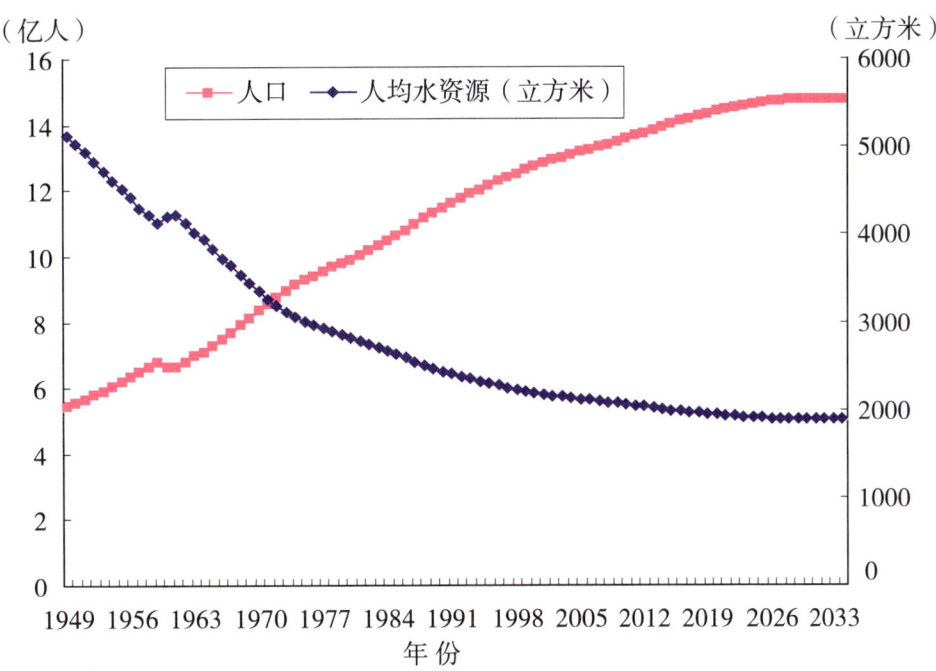

图 43　中国未来 30 年人均水资源预测

资料来源:《中国人口发展与资源环境关系的研究》课题报告

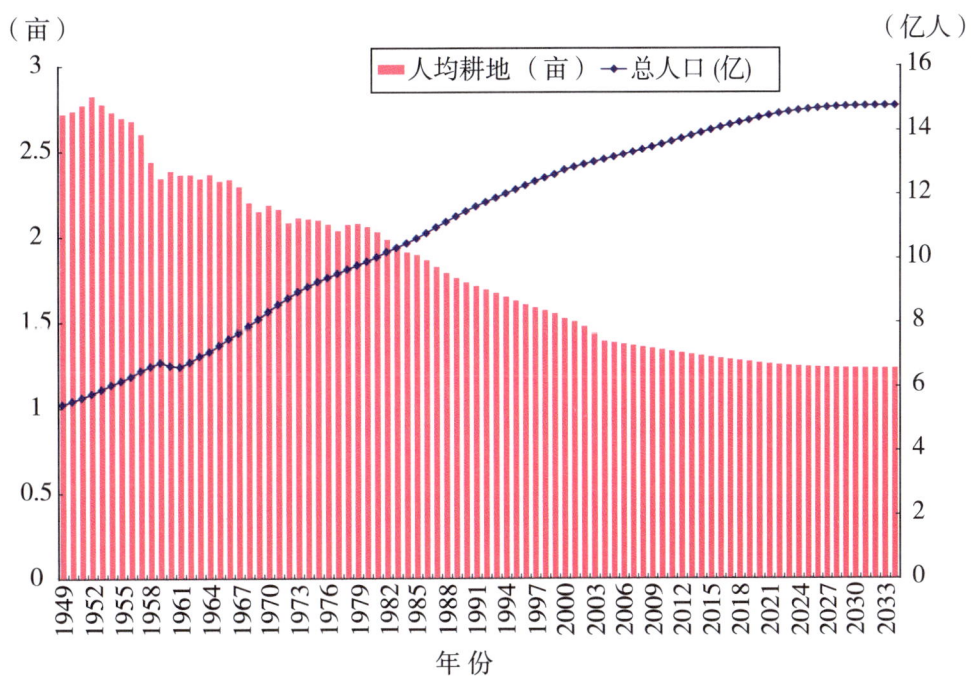

图 44　中国未来 30 年人均耕地预测

资料来源:《中国人口发展与资源环境关系的研究》课题报告

三是人类的历史始终是食物供给与必须养活的人口两者之间的竞赛,人口与粮食安全是关系中华民族生存与发展的根本性问题。目前中国的粮食供需仅是低水平的平衡,未来对粮食的需求量将呈刚性增长。我国目前的粮食人均消费水平380千克,以全面小康社会人均消费435~450千克计,2020年和人口高峰年2033年至少需要粮食6.10亿~6.56亿吨和6.63亿~6.92亿吨(见表14),即使能进口5%~10%的粮食,届时国内仍需生产5.5亿~6.0亿吨,比现阶段5亿吨的生产能力要高出10%~20%。粮食需求增加与耕地面积减少并存,粮食供给将成为重大安全问题。

表14 中国未来人口的食物消费水平与粮食需求预测

项 目		"十一五"末期(2010年)	全面小康社会(2020年)	人口高峰时期(2033年)
恩格尔系数		40%~49%	<40%	30%~39%
营养素日均摄入量	热量(千卡)	2400~2500	2500~2600	>2600
	蛋白质(克)	77	80	>80
	脂肪(克)	70	78	>78
年人均粮食需求量(千克)		400~410	420~435	450~470
粮食需求总量(亿吨)		5.41~5.55	6.03~6.25	6.63~6.92

资料来源:《中国人口发展的粮食安全问题与耕地保证程度研究》课题报告

四是石油保障将成为21世纪国家能源安全和经济安全的关键,需要尽快进行能源消费结构从高污染燃料为主向低污染燃料为主的转变。进入20世纪90年代以来,原油消费以年均5.77%的速度递增,同期国内原油供应的增长速度只有1.67%,中国已成为仅次于美国的石油消费大国,2003年消费2.6亿吨,其中净进口石油和石油制品9000万吨,石油对外依存度达35%。从各国共同的实践看,能源消费高峰期要早于人口增长高峰期。预计2010年、2020年中国石油需求量为3.8亿吨、5.0亿吨,国内石油产量为1.8亿吨、1.9亿吨,对外依存度将高达52%、62%(见图45),将面临严峻的国际市场和政治风险。

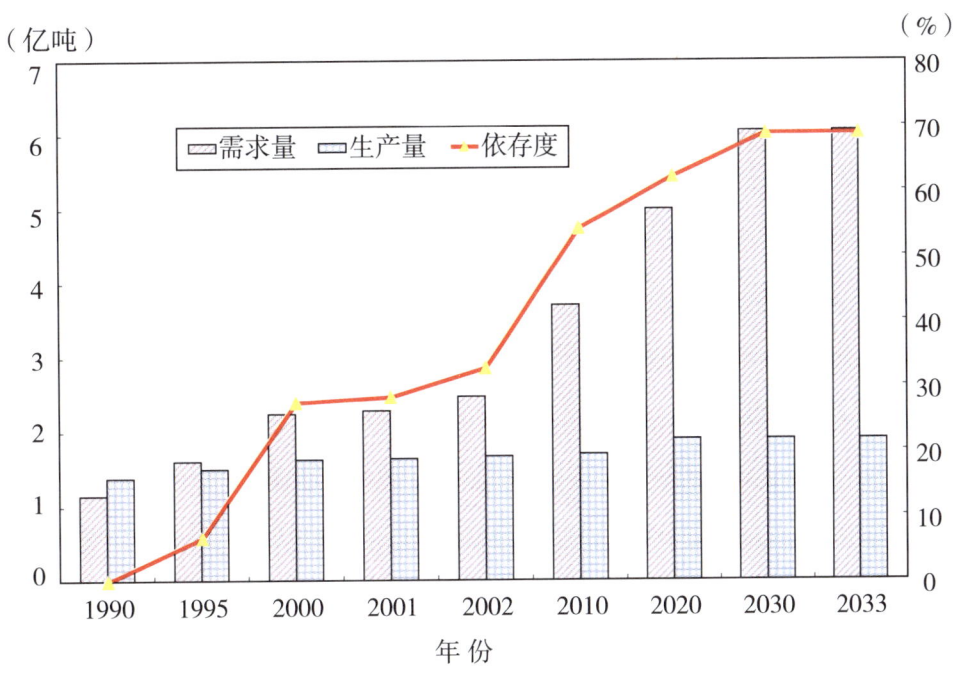

图45 中国未来30年石油供求及自给率预测

资料来源:《中国人口发展与资源环境关系的研究》课题报告

——**人口规模对环境承载力的压力**。经济发展的过程,是人类利用资源创造财富的过程,也是扰动生态、环境的过程。人口越多,对生产、消费资料的需求越高,对资源、生态的索取越大,对自然的依赖越强,所带来的环境压力越重。

我国是世界上自然灾害最为严重的国家之一。在利用和改造自然资源、环境的广度和深度不断增强的同时,自然灾害发生频繁、分布域广、种类增多、破坏强烈。洪水、地震、台风和山崩等突发性自然灾害,地面沉陷、海水入侵和淡水枯竭等渐发性灾害,沙尘暴、高温热浪、赤潮、森林火灾和植物病虫害等日常性灾害,严重危害人口生活和生命安全。70%以上的城市、50%以上的人口分布在气象、地震、地质和海洋等自然灾害严重的地区。近15年来,平均每年因各类自然灾害造成约3.9亿人(次)受灾,倒塌房屋约350万间,紧急转移安置人口约830万人,直接经济损失近1850亿元。

本应在不同阶段出现的生态与环境问题在短期内集中体现和爆发,导致生态系统整体功能下降,中国生态环境总体恶化的趋势尚未根本扭转。作为世界上水土流失、土地荒漠化、草原沙化最严重的国家之一,2004年中国水土流失面积占国土面积的37.1%,荒漠化土地占国土面积的27.5%,沙化土地占国土面积的18.1%。森林和植被覆盖率低造成洪灾增多、水库泥沙淤积和鱼类资源减少,对后备资源培育构成极大威胁。

中国人均生态占用与人均生态空间不均衡,已大范围出现严重的生态赤字[①]。沿海及中部地区环境生态位势高于西北部地区(见图46)。按照全国平均资源环境和社会经济水平,北京、上海等8个经济发达及沿海省份可适度接纳0.33亿人,其他省份需要迁出1.86亿人,两者相抵,全国仍有1.53亿的人口赤字(见表15),约占全国人口的12%。中国人口容量已超出自然环境的承载力,而社会环境又不完备,人口容量低,对生态系统的破坏增加,使资源生产能力和环境支撑能力极度降低,经济持续增长能力锐减,极大地损害当代人和后代人的经济发展和福利改善。据预测,2010年前,人口生态位势东高西低的基本格局不会有大的改变。

---

① **生态赤字**:一个地区不能满足其居民维持生存所需的资源消费量和废弃物吸收水平时,该地区实际生态容量与所需生态生产性土地之间的差数。生态赤字表明一个地区的人类负荷超过生态容量,必须从地区之外进口欠缺的资源或通过消耗自然资本来弥补不足,说明其发展模式处于相对不可持续的状态。

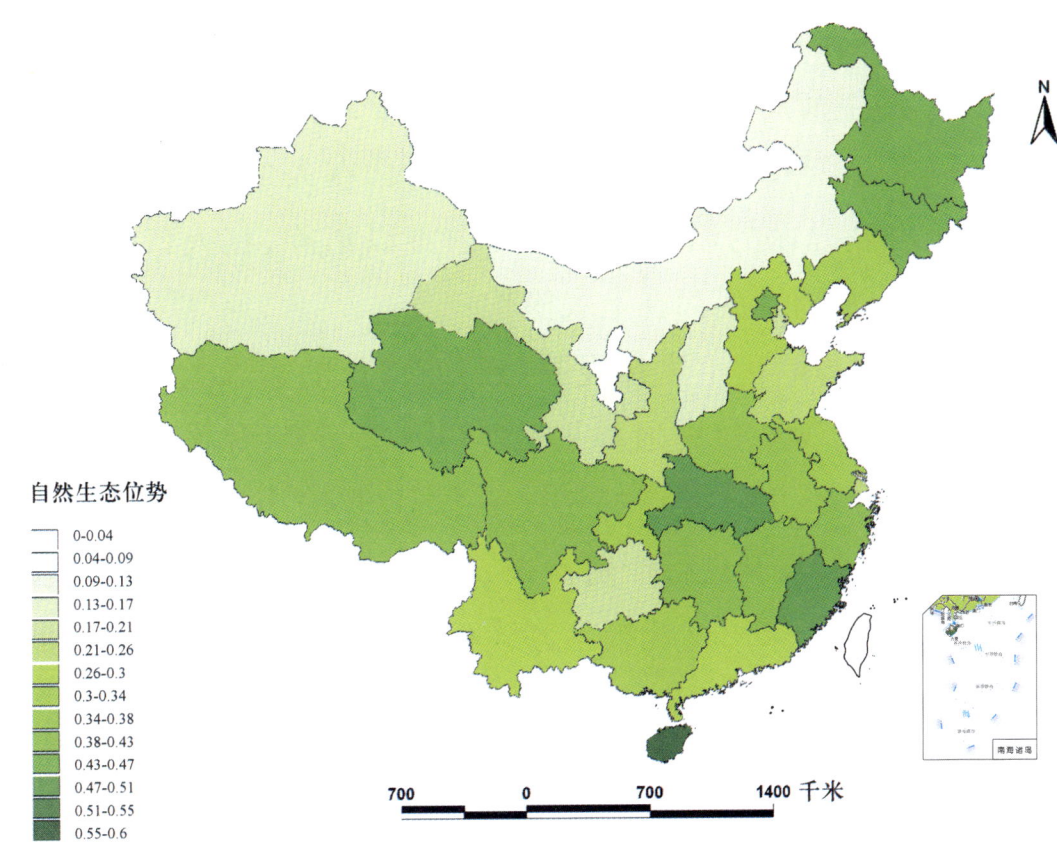

图 46　各省、自治区、直辖市 2000 年环境生态位势分布图

资料来源：《中国人口发展与资源环境关系的研究》课题报告

表 15　按全国平均水平推算 2000 年人口赤字　　　单位：万人

地　区	人口容量	现有人口数	人口赤字
全国	111 447	126 783	15 336
广东、北京、上海、辽宁、浙江、天津、福建、黑龙江、海南	31 902	28 638	−3264
其他 22 省（自治区、直辖市）	79 545	98 145	18 600

资料来源：《中国人口生态态势分析与未来空间格局战略研究》课题报告

总之，人均资源占有量少的状况不会改变，非再生性资源可用量不断减少的趋势不会改变，人口资源环境对经济增长制约作用越来越大，人民群众对生态环境质量的要求越来越高，社会进步和人口资源环境的矛盾越来越突出,可持续发展的压力越来越沉重。

3. 从人的生命周期规律看

长期以来,由于人口对发展的压力巨大,在人的权利保障、能力提高和机会均等方面的制度障碍短期内难以消除,在人口安全的微观层面上,人的全面发展存在七大隐忧:

——**生育隐患**。优生优育服务与迅速增长的需求差距较大。据卫生部监测数据,2003年中国婴儿死亡率为25.5‰(见图47),5岁以下儿童死亡率为29.9‰,孕产妇死亡率为51.3/10万。每年105万约14%的农村孕产妇没能进行产前检查,286万约38%的农村产妇没能在医院分娩,24%仍采用传统接生方式(见图48),200万约44%的农村儿童未能建立计划免疫卡。2002年,5岁以下儿童低体重率农村为9.3%、城市为3.1%,生长迟缓率农村为17.3%、城市为4.9%。[①]

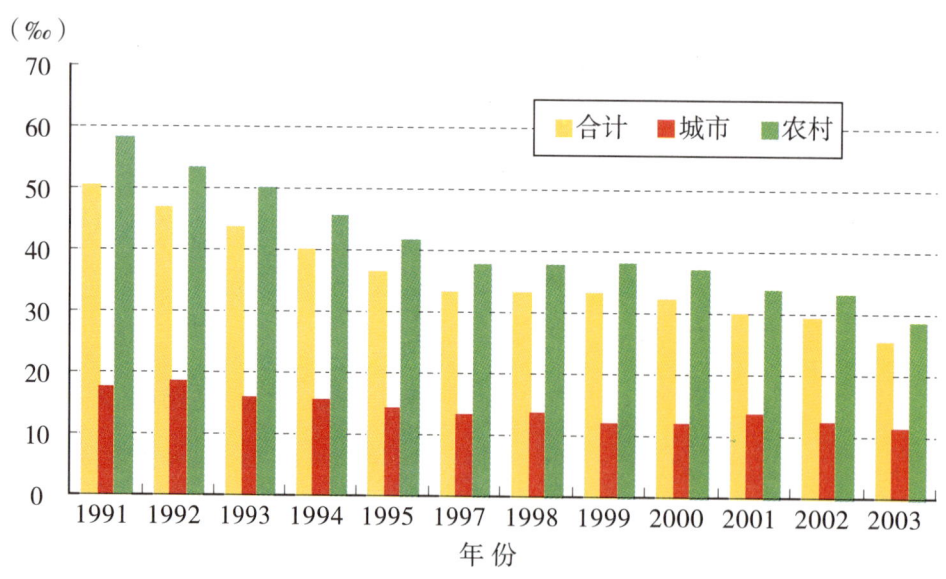

图47 中国城乡婴儿死亡率

资料来源:历年《中国卫生统计年鉴》

[①] 胡鞍钢,胡琳琳. 中国人类不安全的最大挑战:健康不安全. 国情报告,2004年第85期

大量不安全人工流产影响青少年和已婚人口生殖和生育健康。[1] 1000多万个家庭因不育症等原因存在生育难题。以生育技术、人工授精、胚胎移植和基因图谱等为代表的生物技术进展突破了一般优生优育概念、生育行为和伦理,克隆技术、器官移植、基因治疗、转基因食品的发展应用,可能在造福人类的同时带来难以预料的后果。

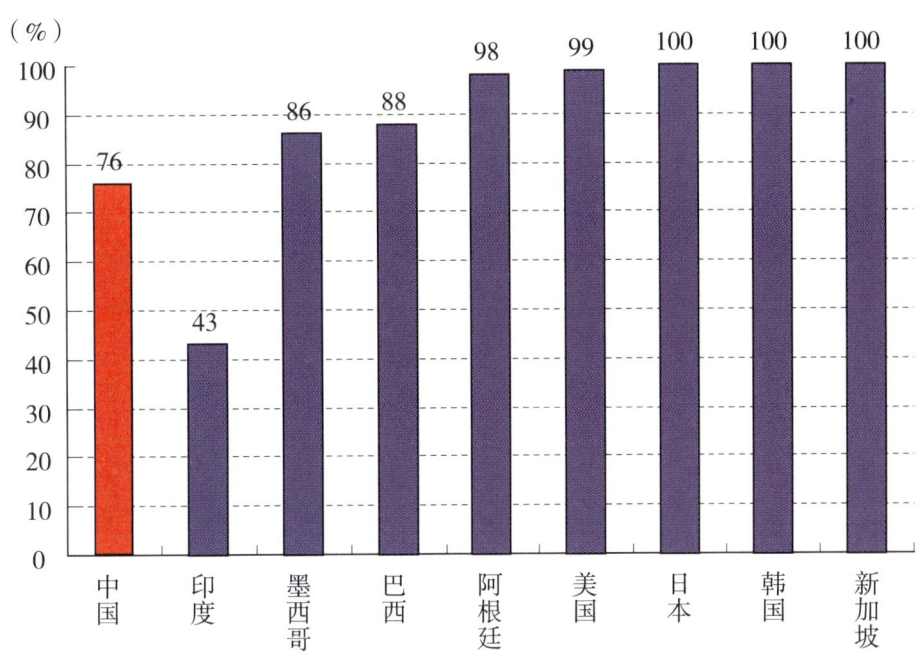

图48　国际1995~2002年新法接生率比较

资料来源:联合国开发计划署. 人类发展报告(2004)

——**健康隐患**。国家对公共卫生的财政投入严重不足,二元结构造成的城乡差异日益加大,有病难医、有病不医、因病致贫人口比例居高不下。2003年,全国人口应就诊而未就诊的比例高达48.9%,应住院而未住院的患者中70.0%是由于经济困难[2];医疗保障体制不完善,体制外人口规模巨大,1993~2003年全国未获医疗保险人数从9亿增至

---

[1]《人的全面发展》课题报告
[2] 2003年国家卫生服务调查

10 亿,由 67.8% 上升至 80.7%①,人口健康保障问题仍然突出。

缺乏健康意识、生活方式不科学和生活质量不高直接威胁着中国人口的健康,恶化人口健康代际传递质量。全国成年吸烟人口比例为 26.0%,15 岁以上经常饮酒和过量饮酒的人口比例为 8.2%。平均预期寿命上升与健康预期寿命下降并存。中国疾病和死因结构中,城市地区、东部地区以恶性肿瘤和心脑血管疾病为主,农村地区、西部地区感染性疾病仍占较大比例(见表 16),反映了地区间人口健康水平不均衡、保健水平不均等(见图 49、图 50)。中国人口健康风险比②将从 2000 年的 40% 上升到 2025 年的 60%,向人口健康安全提出预警信号。③

表 16 2005 年主要疾病死亡率　　　单位:1/10 万

疾病名称	城市男性		城市女性		农村男性		农村女性	
	死亡率	位次	死亡率	位次	死亡率	位次	死亡率	位次
恶性肿瘤	159.77	1	88.51	3	130.26	1	76.99	3
脑血管病	116.63	2	105.19	1	116.46	3	106.11	2
心脏病	99.49	3	96.88	2	58.5	4	66.46	4
呼吸系统疾病	75.88	4	61.85	4	119.81	2	128.53	1
损伤和中毒	56.84	5	33.22	5	55.89	5	31.36	5
消化系统疾病	22.54	6	13.46	8	21.75	6	11.56	6
内分泌、营养和代谢疾病	11.81	7	15.77	6	5.14	9	7.45	9
其他疾病	9.14	8	14.94	7	7.37	7	10.95	8
泌尿、生殖系统疾病	8.92	9	8.21	9	7.18	8	6.73	10
诊断不明	4.82	10	3.33	12	5.02	10	4.64	12
精神障碍	4.85	12	5.55	10	2.11	15	2.62	15
围生期因素	3.68	14	3.23	13	3.77	13	4.03	7

资料来源:卫生部.2006 中国卫生统计年鉴

---

① 胡鞍钢,胡琳琳.中国人类不安全的最大挑战:健康不安全.国情报告,2004 年第 85 期
② **人口健康风险比** = 健康风险人口/非健康风险人口 = (0~4 岁人口 + 50 岁及以上人口)/(5~49 岁人口)
③ 《人的全面发展》课题报告

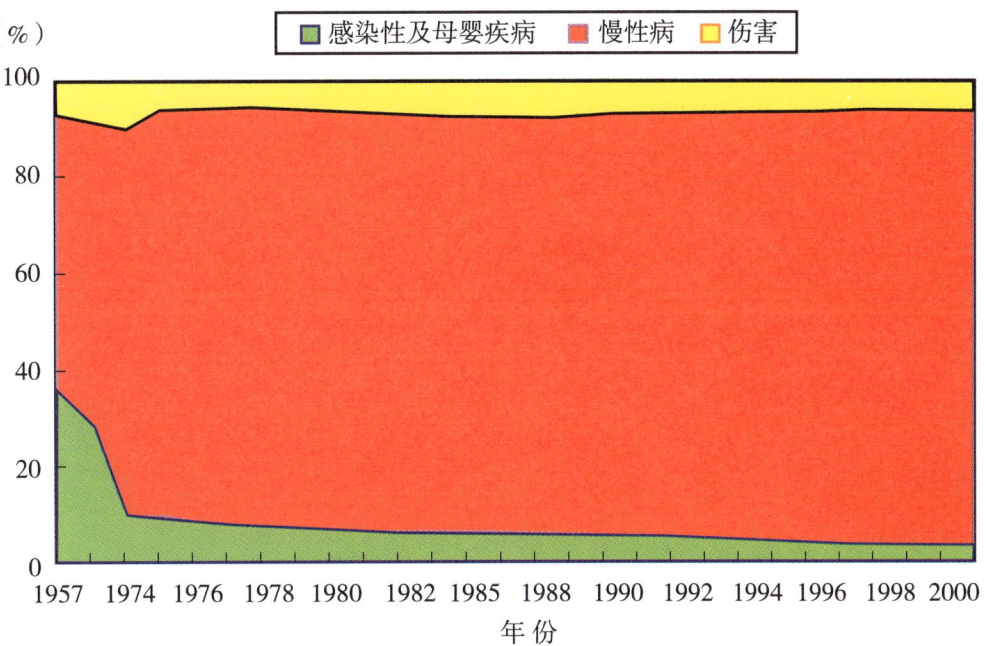

图 49　中国城市人群三大类疾病构成变化

资料来源:《人口健康素质》课题报告

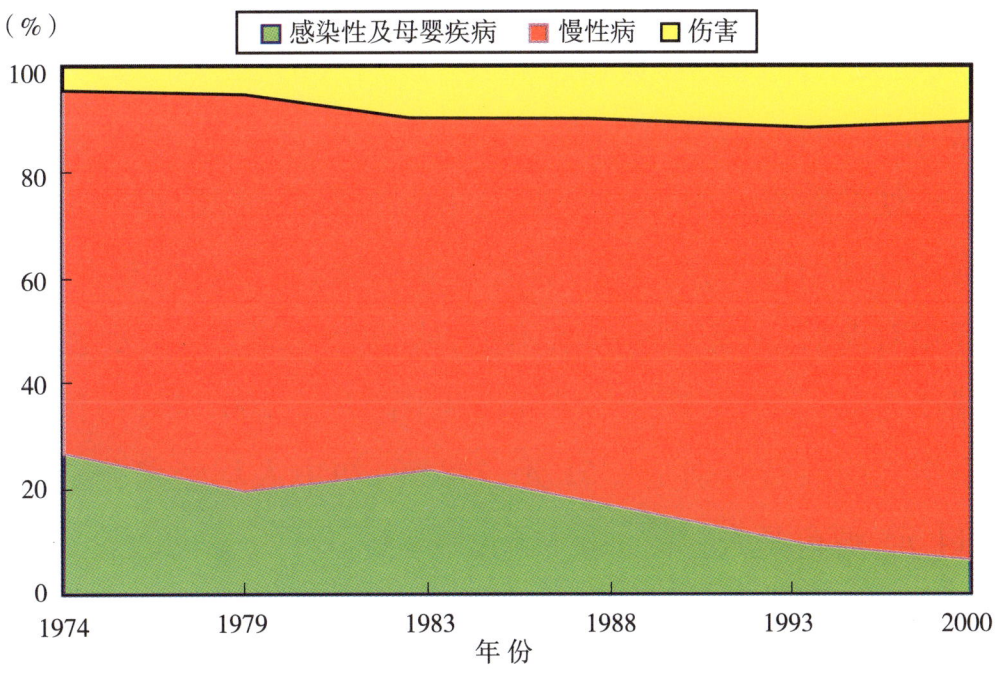

图 50　中国农村人群三大类疾病构成变化

资料来源:《人口健康素质》课题报告

——**居住隐患**。改革开放以来,中国工业化、城市化、现代化进程加快,空气、土地、水源、噪声等环境污染从城市到农村,从陆地到海洋,从地表水到地下水,从一般污染物到有毒有害污染物不断扩大,新旧污染与二次污染相互复合;80%以上的河流、90%以上城市水域受到污染,近50%的重点城镇饮用水源不合标准;1/4的国土面积遭受酸雨,工业废料和生活垃圾吞没10多万平方千米农田;农药、化肥等化学物质广泛使用,对食品安全的影响愈加显现,城市热岛效应[①]严重危害人口健康,室内环境污染成为"隐形杀手"。

居住条件亟待改善。第五次全国人口普查结果表明,2000年城镇(包括城市和镇)人均居住面积8平方米以下的困难户达1519.4万户,占城市家庭户数的11.6%[②]。低收入人群聚集的老城区,进城务工人口集结区,形成住房结构简陋、抗灾性弱、居住拥挤、功能落后、环境恶劣的棚户区,成为贫困的象征、安全的隐患;城市拥挤的居住环境、就业竞争的压力和贫富差距等,影响人的精神状态,并加剧精神疾患、犯罪和自杀等社会问题。

——**就学隐患**。中国教育现代化水平相对较低,投入不足和投入结构不合理问题并存。高等教育急剧扩张,中等教育相对萎缩,职业教育相对滞后,义务教育投入不足,从1995~2002年,无论东西部,还是城乡之间,教育差距十分严重(见图51)。2001年,中国城镇和农村小学人均经费分别是1351元、798元,初中人均经费分别是1708元、1014元,城市是农村的1.7倍(见表17)。不公平的教育资源分配导致部分人群受教育水平低下、政治参与度低、男女不平等、健康意

---

① **城市热岛效应**:城市化发展导致城市中的气温高于外围郊区。在气象学近地面大气等温线图上,郊外广阔地区气温变化较小,如同一个平静的海面,城区则是一个明显的高温区,如同突出海面的岛屿,被形象地称为城市热岛效应。

② 中国2000年人口普查资料

识缺乏,阻碍社会合理流动,加剧贫困代际传递。

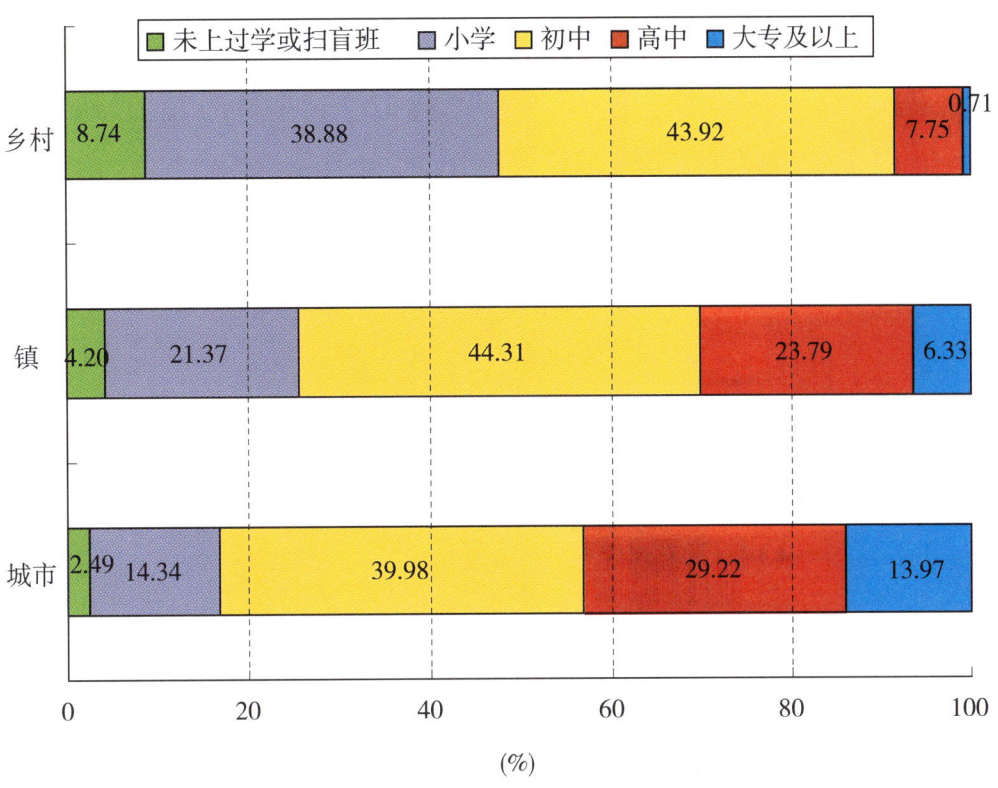

图 51　中国 2000 年城乡劳动年龄人口文化程度构成

资料来源:第五次全国人口普查资料

表 17　中国 2001 年城乡义务教育生均经费比较　　单位:元

	全国	农村	城市	城市/农村
小学生均经费	971.5	797.6	1351.3	1.7
初中生均经费	1371.2	1013.7	1708.4	1.7
预算内				
小学生均经费	658.4	558.4	877.1	1.6
初中生均经费	838.8	666.7	1001.0	1.5

资料来源:中国教育经费统计年鉴(1997~2002)

人力资源储备、培养、开发和管理存在缺陷。一方面存在严重的人才短缺,另一方面大量高学历人才留在城市,人才浪费和人才流失现象严重。20世纪80年代至2002年底,中国出国留学人员40万以上,只有10多万人学成回国(见表18),回归滞留比为1:3。国外驻华机构和国际跨国公司大量吸引高科技和管理等高层次人才。人才流失特别是关键性、创新型人才流失已经成为影响国家安全不容回避的现实。

表18 中国出国留学生人数　　　　　　　单位:人

年份	出国留学人员	归国留学人员	年份	出国留学人员	归国留学人员
1980	2124	162	1994	19 071	4230
1985	4888	1424	1995	20 381	5750
1986	4676	1388	1996	20 905	6570
1987	4703	1605	1997	22 410	7130
1988	3786	3000	1998	17 622	7379
1989	3329	1754	1999	23 749	7748
1990	2950	1593	2000	38 989	9121
1991	2900	2069	2001	83 973	12 243
1992	6540	3611	2002	125 179	17 945
1993	10 742	5128			

资料来源:《2003中国统计年鉴》

儿童失学、就学困难、贫困大学生比例高等问题突出。贫困家庭、进城务工人员的子女入学面临更多困难。2003年流动儿童失学率9.3%,6周岁流动儿童未入学的比例达46.9%,失学儿童处于学校、社会、家庭三不管地带。目前中国高校贫困生比例高达20%,特困生比例为8%,培养一名大学生年均费用1万元左右,贫困家庭难以承受。

——**就业隐患**。改革开放以来,经济增长率一直维持在较高水平,但就业增长率则不断下降,由 80 年代初期的超过 3% 降到 2003 年的不足 1%（见图 52）,经济增长对就业拉动作用减弱,就业面临较大困难。在未来 15～20 年的人口红利期,劳动年龄人口所占比重为 70% 左右,但主要在农村,劳动力就业处于"低水平均衡"状态,使得潜在人口红利转化为现实人口红利的效益大打折扣。中国 1999 年 15～64 岁人口占世界劳动年龄人口的 22.4%,相当于美国的 4.72 倍,但人力资本仅相当于美国的 44.3%；劳动力回报率大大低于美国,平均相差 10.9 倍。①

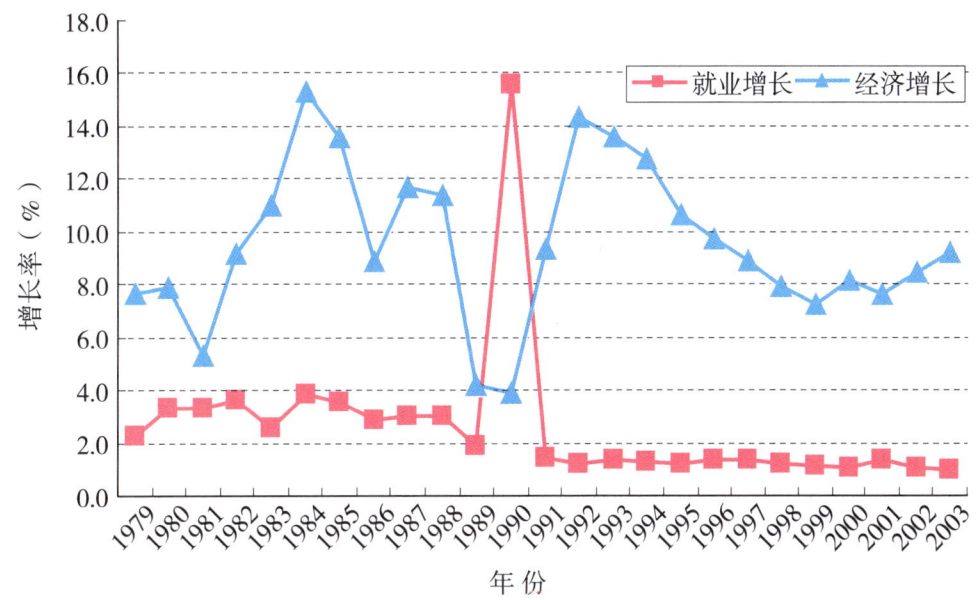

图 52 改革开放以来就业增长和经济增长变化

资料来源:《劳动年龄人口与就业研究》课题报告

职业安全和劳动保护问题多。卫生部职业卫生检查结果表明:2001 年全国企业职业安全不合格率为 35.6%,其中乡镇企业、民营和私营企业不合格率超过 50%。合同工（流动人口）职业安全保障问题

---

① 中国教育与人力资源问题报告课题组．从人口大国迈向人力资源强国

日益突出,截至 2002 年,2133 万个乡镇企业中,83%存在不同程度的职业危害,60%没有配备必要的防护用品;乡镇企业从业人员 1.3 亿,30%接触有毒有害物质,职业病发病率高达 15.8%。2003 年全国 13.6 万人死于工伤事故,其中 80%以上是采矿、建筑、化工等行业的进城务工人员。绝大部分打工者患职业病或工伤事故后不能获得医疗救治和补偿,给本已资源有限的农村家庭带来更大的负担。

——**婚姻和家庭隐患**。社会关系日趋多元化和复杂化,并将影响到家庭和社会的安定与和谐。家庭规模小型化、家庭结构简单化和家庭类型多样化是中国城乡家庭模式变化的重要特征,传统大家庭解体,核心家庭[①]广泛出现,单身、单亲、丁克、空巢、隔代等小家庭模式同步增长。

家庭问题日益增多,家庭出现不稳定趋势。随着婚姻、家庭关系和性观念的急剧变化,非婚同居、婚外性行为、非法结婚、重婚、早婚早育、非婚生育等现象不断发生,婚姻对两性关系的约束力下降,结婚率持续下降(见图53)。2004 年全国共离婚 166.5 万对,粗离婚率 2.5‰[②],婚姻双系抚育功能被削弱,大量单亲家庭带来家庭贫困、子女心理健康等诸多社会问题。家庭暴力使妇女、老年人、儿童和残疾人极易成为受害群体,尤其对青少年成长产生难以估量的负面影响。妇女自杀占妇女死亡原因的 4.5%,农村妇女的自杀率是城市妇女的 3 倍。[③]

---

① **核心家庭**:由一对夫妇及其未婚子女组成,或只有一对夫妇(无子女或子女已另立门户)的小家庭。核心家庭或是两代人,或是一代人,但只有一对已婚男女。它是现代工业都市的产物,体现了家庭小型化的发展趋势。

② 民政部. 2004 年民政事业发展统计报告. 2005 年 5 月

③ 世界银行. 中国国别社会性别报告. 2002 年 6 月

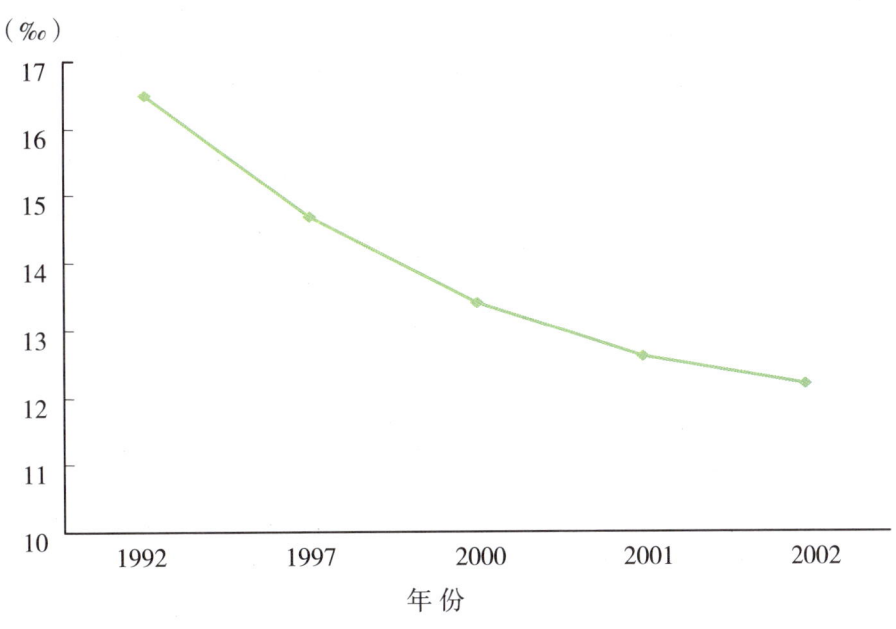

图 53　近 10 年来中国结婚率

资料来源：《人口发展与家庭、社区和社会阶层研究》课题报告

——**养老隐患**。养老保障资源缺乏、养老社会化服务滞后、老年人社会参与有限、家庭支持不足等问题引发代际关系不和谐，导致老年人成为弱势群体。老年人生命后期生产、创造价值能力下降，平均有 10 年左右需要得到外界经济支持，尤其是目前的老年人年轻时为国家和社会做出贡献，没能形成个人积累，养老问题更为突出。据"五普"数据，农村地区仅有 33.1% 的老年人依靠劳动维持生存，子女仍然是老年人最主要的经济供养来源。预期寿命较长的老年妇女，晚年生活更是缺少保障。老龄化社会最大的道德困境是生命延长但生命质量得不到保障的问题。按照目前医学技术，无法实现无痛而终，确保人的尊严。

总之，面对严峻的人口形势，人口安全已进入新的风险时期。正如胡锦涛总书记指出的：人口众多、人均资源占有量少的国情，人口对经济社会发展压力沉重的局面，人口与资源环境矛盾尖锐的状况，将伴随全面建设小康社会的全过程。历史和未来留给当代和后代的回旋余地狭小、调整时间短暂、发展空间有限。因此,必须紧紧抓住这一重大转型期和发展机遇期,统筹协调,积累能量,应对挑战。这次战略研究表明,中央关于新时期人口与经济社会资源环境关系的判断是完全正确的。

六、人口与经济、社会、资源和环境协调发展

中国正处于经济社会迅速发展和变革的时代,实现经济的持续、快速、协调、健康发展和社会的进步、和谐与稳定,是中国在本世纪面临的最为艰巨的任务。作为社会基本构成要素和生态主要影响因素的人口,简单地停留在出生、死亡、迁移等人口变化要素及数量、结构、分布等人口发展基本层面,已难以适应变革时代的客观要求,深刻认识和把握人口与经济、社会、资源、环境间内在变化机理及规律成为经济社会发展的必然途径。

(一)对人口与经济关系的基本判断

在当前及未来的人口发展形势下,人口对经济的影响,反映在人口与生产、人口与消费、人口与投资、人口与分配、人口与就业、人口与耕地、人口目标与经济目标等各个方面,影响方向不是单一的,影响程度不是确定的,影响因素不是孤立的,与以往相比新世纪的人口与经济关系正在发生着质的、深刻的变化。

1. 人口转变与经济关系

——人口增长率的下降,使中国人口与经济关系突破"马尔萨斯低水平均衡陷阱",使经济进入自我促进的轨道,从而提高人均资本占有水平和资本的高积累、高储蓄,维持了经济的高投资率和高增长率。

——人口增长对经济发展的"分母效应"①仍然存在,在总投资中,人口投资大量增加,发展投资下降,不利于人们生活水平的稳步提高。只有在充分就业的前提下,人口多才能成为经济社会发展的动力。

——人口对需求增长的"乘数效应"②日趋增强,在一定程度上为经济发展创造需求拉力。人口增长对经济发展的正效应主要从技术进步和有效需求考虑,在就业充分的前提下,人口增加,拉动消费,推动科技进步,促进经济增长,扩大就业规模,提高收入水平,更加提升消费需求,进入良性循环。

2. 人口素质与经济关系

——目前,我国人口素质对经济发展贡献率较低,成为制约国家整体竞争力的关键。未来20年中国将进入消费旺盛期和建设创新型国家的重要时期,人口素质与经济发展阶段不适应的矛盾日益尖锐。

——提高人口素质、投资于人可带来巨大经济收益。中国劳动力素质提高所带来的经济增长份额达24%,与劳动力数量投入的贡献份额相当。③ 在经济总量一定的情况下,人口过快增长意味着人力资本投资份额减少,直接影响人力资本的积累和经济发展能力的提高。

——高端人力资本短缺已成为制约人力资本对GDP贡献率提高的主要原因。经济增长和发展竞争不再仅是物质资本的作用,更取决于高质量的人力资本。

---

① **分母效应**:人口规模庞大、高速增长制约了人均指标(如人均资源占有量和人均国内生产总值)的提高,表现为人口的分母效应。人口过多,平均的生产、生活条件相对较差;如果人口继续高增长,各类已居劣势的人均指标必然每况愈下。控制人口增长有利于减弱人口的分母效应。

② **乘数效应**:增加一定量的投资使国内生产总值增加某一个倍数,这个成倍扩张(或收缩)的效果或反应就叫乘数效应。它是一种宏观的经济效应。

③《人口与经济关系》课题报告

——健康预期寿命在很大程度上决定人力资本存量,也决定人力资本回报率的高低。中国健康预期寿命相对较短,与发达国家存在较大差距,劳动力有效利用时间短、健康照料成本高,削弱经济持续高速增长潜力。

3. 就业人口与经济关系

——劳动年龄人口增长快于总人口增长,人口经济负担处于有利的"低谷"时期。中国1982~2002年人均GDP增长速度8.6%,抚养比下降的贡献为26.8%,约为人均GDP增长的1/4。[1]

——低抚养比与高失业率并存,潜在"人口红利"转变为现实"人口红利"的程度较低。中国经济增长的就业弹性呈下降趋势,从20世纪80年代年均0.34下降到90年代的0.11。[2] 劳动力数量增长,只表明潜在的"人口红利",要将其转变为现实的"人口红利",需要调整产业结构,提高就业率。

——就业人口供求关系已从数量失衡向数量、质量、结构、分布全方位失衡转变。随着生产力水平提高和产业升级,近年来劳动力出现地区性、部门性、结构性短缺,就业矛盾日益突出。

——劳动力产业结构与GDP产业结构偏离,严重制约经济发展。中国GDP产业结构为第"二、三、一"模式,但劳动力产业结构为第"一、三、二"模式,仍未摆脱落后的传统产业模式,相当于工业化国家20世纪初的产业构成。劳动力产业结构与GDP产业结构偏离度高达44.73%,不仅高于发达国家,也高于发展中国家。[3]

4. 老龄化与经济关系

——人口结构是经济发展的重要参数,通过抚养比对经济发展

---

[1] 《人口与经济关系》课题报告
[2] 《人口分布和城市化》课题报告
[3] 《人口分布和城市化》课题报告

产生显著影响。总抚养比通过劳动力供给、储蓄、消费、技术进步对经济持续增长、人均 GDP 增长产生联动效应,其他条件不变时,总抚养比上升 1 个单位,将导致经济增长速度放慢 0.115 个百分点。[①]

——处于社会转型的人口老龄化改变国民收入中消费与储蓄分配比例关系。个人储蓄能力一般随着年龄增加呈现先升后降的趋势,从国际经验看,总人口中劳动年龄人口的比重大时,为应对老龄化,储蓄率增加;老龄社会以储蓄和养老金为基本生活来源的老年人口比例增大,社会保障支出增加,私人储蓄减少 60% 左右。[②]

——老龄化大幅度加重公共财政负担,财政支出结构发生重大改变。国民收入中用于养老、护理、医疗等非生产性消费大幅度上升,用于发展的公共投资比例减少,导致人均国民收入增长速度下降,影响经济增长的后劲和持续性。

5. 性别比与经济关系

——不同性别人口经济贡献差异成为男孩偏好和出生人口性别比偏高难以逆转的主要动因。农村仍以传统的生育需求模式为主,生育的主要目的是保障需求和家族需求,父系继承和女儿外嫁的隐形制度,使得男孩对家庭所提供的经济价值及社会收益大于女孩。就经济价值而言:男孩创造的收益保留在家庭内部,女孩出嫁则意味着家庭财产收益的外溢;就保障价值而言:男孩支撑家庭,承担高强度的农业劳动,并为父母晚年提供经济保障、生活照料;就家族价值而言:男孩作为家庭地位的象征,维持着家庭社会经济地位。在目前经济情况下,有男孩的农村家庭可获得更多的效益与利益,家庭养老尤其是儿子养老模式在一定时期内难以改变,使出生人口性别比偏高问题的治理步履维艰。

---

① 《人口转变对经济增长持续性的影响》课题报告
② 《人口转变对经济增长持续性的影响》课题报告

6. 人口城市化与经济关系

——人口城市化水平与工业化水平的差距不断拉大。随着改革开放的深入和经济结构的多元化发展,中国工业化水平急剧增长,人口城市化大幅度提高,但是1978~2001年非农产业比重每增加1个百分点,人口城市化率仅提高0.79个百分点,呈现差距不断拉大,城市化滞后工业化的态势。[①]

——建设社会主义新农村将成为未来人口城市化的有效途径之一,拓展城市化发展思路,丰富城市化发展模式,大力发展县域经济,带动和辐射农村地区,促进城乡共同发展,推动城乡一体化进程,全面提高农民生活质量。

——城市化快速发展的关键取决于人口城市化。推进国家经济社会发展和现代化进程的难点在于城市化质量不高,就业结构难以适应人口城市化发展需求。人口城市化以就业机会的增长为前提,通过调整产业结构,提高第二、三产业就业比例,加大城市对人口的容纳和消化能力,提高对人口、生产要素吸引力,充分发挥集聚扩散和辐射带动作用,提高人口城市化水平。

7. 人口分布与经济关系

——工业化不同阶段,人口密度与经济发展水平关系不同。国际经验表明:区域人口密度在工业化前期较低,工业化初期逐步增大,工业化中期稳步增长,工业化后期趋于稳定,个别地区甚至出现下降。目前中国刚刚迈入工业化中期阶段,随着工业化、城市化进程加快,区域人口密度将稳步增大。

——区域人口分布与经济发展的互动关系难以摆脱现有行政区划的体制性束缚,造成不同区域投资效益差异。打破区域分割局面,

[①]《中国人口分布格局与经济发展资源环境的关系研究》课题报告

建立全国统一要素市场,促进人流、物流、资金流跨区域流动,提高资源、劳动力配置的合理性,优化区域人口分布。

——区域人口分布与制度安排密切相关。区域间人口分布平衡取决于自然资源及物质资本投入、人力资本存量、资源分配方式等制度安排。区域人口与经济梯度分布格局将长期存在,人均GDP增长与初始人均GDP水平为负相关关系,意味着低收入水平地区存在追赶高收入地区的可能性。发挥比较优势,推动制度创新,缩小区域差距,促进区域人口合理分布。

(二)对人口与社会发展关系的基本判断

处于转型期的中国,在强调人口与经济相互协调发展的同时,忽视人口与社会发展的相互联系,导致人口转变与社会转型失衡。

1. 人口转变与社会发展

——农村地区稳定低生育水平的社会发展环境还没有真正形成,有利于人口发展的社会政策体系没有完全确立,家庭及子女功能的社会替代品严重短缺,生育的社会调节机制尚不健全。

——社会发展与人口转变不协调的主要矛盾在农村。面对农村社会发展基础薄弱,劳动力市场分隔的现实,承担计划生育义务的农村计划生育家庭在收入能力和人力资源投资机会上缺乏优势。

2. 人口素质与社会发展

——从人口数量中获得收益的机制仍然在农村发挥重要作用。农村义务教育落后,进城务工人员子女就学难,农民职业教育发展滞后,农村人口人力资源投资的巨大需求无法满足,难以享有人口质量提高带来的收益,孩子质量对数量的替代机制远远没有形成。

——社会资源分配不公平是形成不同群体人力资本差异的重要因素。发达国家生育率下降是孩子数量成本上升和质量收益提高共同作用的结果,而享有社会公共资源是孩子质量收益提高的前提,促进社会公共资源均等化是提高全民素质的有效途径。

3. 人口结构与社会发展

——人口结构的失衡将成为本世纪上半叶中国面临的重大人口问题。

——人口结构变化对中国社会代际关系将产生重大影响,代际差异呈扩大趋势。代际冲突主要表现在劳动力市场竞争和公共资源分配两方面。改革开放以来,40岁以下人口平均受教育水平比上一代显著提高,职业上行流动率较高,中青年人口普遍从经济发展中受益。一方面在赡养、抚养过程中形成代际共存关系;另一方面在价值观和资源分配上不可避免地存在代际利益冲突,冲突的程度受到代际规模的影响。

——原有的社会性别状态正在打破,新型的社会性别关系有待确立,需要对各项社会经济政策进行社会性别视角的权衡和判定,促进社会性别平等。

4. 人口分层与社会发展

——社会流动"闸门"打开,上行流动趋于活跃,下行流动结构多元。改革开放以来,国家与社会管理者、经理人员、专业技术人员等新生中产阶层崛起,教育、能力、经验等后致性因素对个人地位获得的作用越来越显著,现代社会流动模式正在形成;在社会转型中致贫原因多元化、贫困类型多样化,出现下岗职工、失业人员和失地农民等贫困群体,社会下行流动日显突出。

——社会流动的制度性障碍使社会流动不能畅通运行,也使处于较低阶层的人群难以上升到较高阶层。教育机会、户籍制度、就业政策、人事制度、社会保障等诸多人为设置,使得较低阶层代际传递链条难以打破,抬高了向上流动的门槛。

——贫困已经不再是单纯的经济问题,而是社会和政治问题。

新的贫困人口和新的贫困现象不断出现,农村贫困现象依然存在,城市贫困问题日益凸显,将引发生存、犯罪、心理疾病等社会问题,影响社会的安全和稳定,仅靠补贴和救助不能从根本上解决,机会均等比保障均等更重要,亟待相应的制度安排。

(三) 对人口与资源环境关系的基本判断

根据世界发展规律,当一个国家和地区人均 GDP 达 1000～3000 美元时,往往是人口、资源、环境瓶颈约束最为严重的时期,而人口问题始终处于中心位置。人与自然的和谐是构建和谐社会的物质基础,人口与资源环境的协调是构建和谐社会的内在要求,必须寻求生产发展、生活富裕、生命安康、生育文明与生态良好的最佳结合点。

1. 人口转变与资源环境

——人口增长对资本供给的压力逐步转变为对资源供给的压力。中国开始进入大众化消费时期,人均资源消费持续提高,1980～2000 年人均粮食消费增长 1/4,1990～2000 年人均一次能源、电力、石油和天然气消费量分别增长 17%、81%、66.5% 和 39.8%,人均资源量综合排名世界第 120 位。本世纪中叶,我国经济社会发展将达到中等发达国家水平,资源消耗总量有增无减,人均资源占有量持续减少的趋势不可避免,经济发展受到更为刚性的资源约束,自然资源的有效供给将成为实现经济发展目标的先决条件。

——生态消耗需求远远高于生态承载力,人均生态空间狭小。生态赤字区不断扩大,有限的生态空间竞争矛盾十分突出,生态环境恶化趋势仍在延续,遏制难度越来越大,预计 2020 年中国人均生态占用将继续增长达到 2.7 公顷,生态赤字为人均 1.35～1.71 公顷,未来生态空间严重不足将是影响中国可持续发展的重要障碍。

2. 人口分布与资源环境

——中国已超过最佳人口容量,资源环境承载力压力巨大。人口发展总体上处于自然资源和生态环境可承受范围的边缘,面临巨大风险。东部地区流动人口大量涌入,第二、三产业迅速发展,加速环境破坏;中部地区人口稠密,大量农田被占用,加剧人多地少的矛盾;西部地区人口迅速增长,生态脆弱,生产力和技术条件落后,实施掠夺性经营,导致生态环境恶化,加剧人口贫困。

——区域间人口承载力不平衡。由于城市体系不完善、不健全、不配套,人口向大城市集聚,使得城市规模不断膨胀,导致普遍缺水、缺电、交通拥挤、污染严重,与周边地区落差巨大。局部地区呈现资源供需失衡、生态赤字严重等现象,超出可承受范围。

(四)对人口发展公共管理服务的基本判断

人口问题是最基本的社会公共问题,是影响公共资源增长及分配的全局性因素,与社会制度密切相关。社会建设和公共部门发育严重滞后,成为人口发展的制约因素。

——人口发展的公共需求迅速增加,加剧公共资源供给的压力。公共管理服务具有不可分性和共享性,作为人口整体利益的代表,政府承担社会公共责任,提供基础性制度,保障社会成员最低限度地获得公共产品。人口发展的制度安排和政府社会管理能力滞后,使人口和计划生育公共管理服务问题日趋凸显。

——有利于人口和计划生育的利益分享和利益补偿格局尚未形成。市场重新安排利益分配格局,社会保障、教育培训、劳动就业、社会流动和人口城市化等人口发展利益分配政策相对滞后,经济社会普惠政策与人口和计划生育优先优惠政策不配套、不衔接,政策导向作用弱化。

——社会发展公共支出总体水平偏低,难以满足人口发展需求。2001年中国教育经费支出占GDP的2.09%、占国家财政支出的10.77%(见表19),而世界平均水平为3.6%和11.8%;卫生经费支出占GDP的0.58%、占国家财政支出的2.95%（见表20），与占GDP 3.30%的世界平均水平和2.74%的中等人类发展国家平均水平相比明显偏低。投入社会发展的公共资源在城乡、地区间配置严重失衡，农村人口公共资源占有水平大大低于城镇，城镇人口公共产品供给存在严重"排队"现象，形成社会发展公共资源供给的巨大缺口。

表19 中国国家财政教育经费支出情况

年份	数额（万元）	占财政支出比重(%)	占GDP比重(%)	学龄人口人均经费(元)	在校学生人均经费(元)
1998	12 147 794	11.24	1.55	106.07	187.45
1999	13 954 478	10.58	1.70	107.52	185.59
2000	16 241 384	10.22	1.82	128.39	218.02
2001	20 357 188	10.77	2.09	148.94	251.17

资料来源：根据历年中国统计年鉴有关数据计算

表20 中国国家财政卫生经费支出情况

年份	数额（万元）	占财政支出比重(%)	占GDP比重(%)	人均卫生经费(元)
1997	3 858 849	4.15	0.52	30.97
1998	4 062 282	3.76	0.53	32.55
1999	4 083 119	3.10	0.51	32.43
2000	4 823 944	3.04	0.55	38.11
2001	5 575 361	2.95	0.58	43.68

资料来源：根据历年中国统计年鉴有关数据计算

——强化人口和计划生育公共管理服务，是促进基本公共服务均等化的必然要求。行政管理缺乏在更宽泛的法律法规框架内的统筹安排，综合治理缺乏符合市场经济要求的社会公共政策体系，系统运行缺乏标准化、规范化、制度化的长效机制，考核评估缺乏适应形势变化的绩效管理模式,迫切需要完善人口和计划生育公共管理服务体系,加大公共品供给,促进公共管理服务效益最大化。

七、战略思路和目标

(一)树立新时期的人口观

人口观是对一定历史阶段人口发展的规律、本质、目的、内涵和要求的总体看法和根本观点,是确立人口发展战略思路、目标、途径和手段的重要思想先导。科学发展观要求,必须遵循人口自身发展规律以及人口与经济社会资源环境关系的规律,以全面、协调和可持续的观点看待人口问题。人口观包括:

——**人口众多是基本国情**。这是中国社会主义初级阶段考虑一切问题的出发点和落脚点。即使人口比例很小的问题,涉及的人口绝对规模也会相当可观,直接影响经济社会发展的全局。计划生育是在中国基本国情基础上制定的基本国策,是从中国切身利益出发,从国际和平与发展大局出发,促进经济发展、社会进步、摆脱贫困、实现长治久安的根本途径,是一项强国富民安天下的重大战略决策。

——**人均指标是衡量综合国力、社会发展的重要指标**。全面建设小康社会三步走的宏伟蓝图,每一步都有人均水平的要求。随着人口增速不断减缓,控制人口增长对人均收入"分母效应"的约束力削弱,GDP中用于新增人口的比例将从1978～2001年的28%,下降到2002～2020年的16.3%,人口增长率下降的边际效益递减,"分子效应"①对提高人均收入的贡献率越来越大。无论人口数量、素质、结构、分布中任何因素的变化,都会直接或间接影响分子的变化,人口

---

① 分子效应:人口增速趋缓,有利于提高作为"分子"的产品产量、国内生产总值等指标。在人口增长的情况下,为不影响原有人口的生活水平和经济发展,国家在总投资中必须留有一笔人口投资。控制人口增长可以减少人口投资,增加生产性投资,有利于经济快速增长。

发展对经济总量的影响日益加大。因此,人均指标体现的不仅是人口数量,更是全方位的人口发展问题。

——**人口问题始终是制约中国发展的关键因素**。人口问题既是经济问题又是政治问题,是各种社会问题的集中反映。短期看人口仅为社会经济系统中的参数,长远看是最关键的基础变量,直接或间接地影响其他变量。人口数量多仍是主要矛盾,人力资本存量低是制约发展的关键因素,人口结构失调是影响发展和稳定的重大隐患,人口流动无序和人口分布不合理是影响经济社会均衡发展的重要障碍。人口自身发展规律决定靠制度因素不能解决所有的人口问题,只能提前或延缓人口发展进程,同时,人口发展问题的复杂性决定建立有效制度更为艰难。因此,必须把应对人口发展深层矛盾作为经济社会发展的基本出发点,才能促进经济社会协调发展。

——**人口自身的平衡关系**。人口数量与质量具有互补关系,人口数量控制有利于提高人口素质,人口素质高、结构合理可以弥补数量的缺陷,适度人口条件下,较高的人口素质和较合理的人口结构能使经济社会发展效益最大化。越是封闭、简单、平面的社会生态系统,人口承载力越低;越是开放、复合和叠加的社会生态系统,越能提高单位面积人口承载力,促进人口聚集,提升经济发展水平。

——**人口与可持续发展**。从人口对资源环境的压力角度看,发达国家主要来自于人均消费增加,发展中国家主要来自于人口增长,而中国同时面临人口数量增长和人均消费增加"两力乘积"问题,因此,对资源环境的压力更大。考虑资源环境的人口承载力,生育率低些好,但生育率过低,将会导致尖锐的人口结构性矛盾。所以,必须处理好人口数量与人口结构的关系,调控人口数量,使之保持在适度水平。适度人口的相对性,决定了在相当长的时期内,对生育水平进行动态管理,并不断提高人口素质,优化人口结构,引导人口合理分布,促进人口与经济社会资源环境良性互动,实现协调和可持续发展。

——**人口安全**。13亿人口的发展是个庞大的系统。系统越庞大、转换越深刻,转换过程中的风险也越大。21世纪以来,中国人口发展进入新的风险期,面临巨大的不确定性。必须从历史和发展的角度看待和处理,将化解人口风险、维护人口安全作为目标,对人口发展进行利弊权衡,高度重视各项政策选择带来的风险,前瞻研究、动态预测、实时监测、积极干预相关因素,并及时控制可能出现的负面效应,使"人口安全"风险最小化,确保人口发展长远目标的实现。

——**人的全面发展**。在人口与经济社会资源环境的关系中,人的发展始终处于主体和主导地位,是人口发展进程中的第一要务。注重对人的基础性和提升性投资,强化人的能力建设,为经济社会发展提供持久动力和增长源泉,提高国家竞争力,形成人力资本的国际竞争优势,以人的全面发展统筹解决人口问题。

——**树立负责任人口大国形象**。中国人口占世界的1/5,人口发展对世界具有举足轻重的影响,负责任地、严肃地对待人口发展问题,提高中国在国际社会的影响和地位。变"小人口"观为"大人口"观,从关注出生人口转向同时关注所有人口,从关注生育周期转向同时关注生命周期,从关注调控人口数量转向同时关注统筹解决人口问题,不仅要对自己负责,还要增强对世界尤其是发展中国家的责任。

总之,人口问题的本质是发展问题,在科学发展观的指导下,树立新时期的人口观,关系人口发展全局,关系人口发展目标的实现,对于统筹解决人口问题、全面建设小康社会和构建社会主义和谐社会意义重大。

(二)战略思路

中国人口发展问题的产生存在深刻的制度根源。由于对重大转型期各种矛盾摩擦产生的剧烈震荡认识不足,对人口问题是可持续发展的关键认识不足,对人力资本积累是发展持久源泉认识不足,实践中出现重物的积累轻人的发展、重经济发展轻社会发展、重城市发展轻农村发展、重发展速度轻发展质量、重经济总量扩大轻经济结构优化、重财富获取轻生态环境保护等偏向,把发展等同于 GDP 增长,使得人口发展面临稳定低生育水平的激励与约束机制不健全、人力资本培育及配置机制不健全、与人口转变相适应的社会保障与流动机制不健全、人口发展宏观调控和公共管理机制不健全等制度障碍。

抓住战略机遇,应对未来严峻的人口形势以及由此产生的各种压力,顺利实现全面建设小康社会目标,促进经济社会和人的全面发展,必须调整发展思路、调整经济结构、调整经济社会政策、调整财政投资体制,推进政府职能转换、推进体制改革、推进科技创新。为此,必须确立人口发展的**战略思路**:

以邓小平理论和"三个代表"重要思想为指导,全面落实科学发展观,按照构建社会主义和谐社会的要求,坚持以人为本,推进制度创新,优先投资于人的全面发展:稳定低生育水平,提高人口素质,改善人口结构,引导人口合理分布,保障人口安全;实现人口大国向人力资本强国的转变,实现人口与经济社会资源环境的协调和可持续发展。

1. 调控人口均衡发展,维护人口安全

未来中国还要增加近 2 亿人才能迎来人口总量的峰值。从人类社会发展的经验来看,要完全摆脱"低水平均衡陷阱"的束缚,必须实现人口数量由高增长向低增长、人口素质由低素质向高素质的两个重要转变。其中,第一个转变是基础,第二个转变是关键。以人口数量控制为前提、人口质量提高为先导、人口结构改善为条件、人口分布合理为动力,促进人口均衡发展,是遵循科学发展观,实现全面建

设小康社会的基本要素。

2. 人的能力是一切发展的基础,变人口压力为发展动力

人口是资源还是包袱取决于人的能力大小,人口是财富还是负担取决于人的能力发挥。牢固树立人的能力是最重要的生产力、人力资源是最重要的资源、就业是最好的教育的理念,将"人"作为发展的主体、动力,将"人的发展"作为发展的前提、目的,使每个人都具备基本的生存和发展能力,增进人口的健康、知识、技能和道德存量。创造广大群众自主谋发展、能发展、会发展的发展模式和制度安排,提供满足需要和促进全面发展的条件;创造人们平等竞争、展示聪明才智和应用知识技能的发展机会,充分调动人的主观能动性和创造性,在参与社会的基础上接受教育、提高素质、发挥能力,把巨大的人口压力转化为持久的发展动力,逐步摆脱物对人的控制与劳动的异化,使全面建设小康社会成为体现人的发展、价值和尊严的实践过程。

3. 满足人民群众多种需求,促进发展成果共享

创造开放式环境,建立人人共享、普遍受益、遏制歧视的社会融合机制:在满足人口的营养健康、计划生育、公共教育、基本医疗、最低生活保障等基本需求的基础上,逐步满足人民群众生理、安全、社交、尊重、自我实现等不同层次的需求,提高人们物质文化生活水平、健康水平和人权享受水平,切实保障人民群众的生命权、健康权、教育权、就业权、参与权等经济、政治和文化权益。赋权于民、蕴富于民、泽福于民,让发展的成果惠及全体人民,达到共同提高、共同发展、共同富裕的和谐状态和境界。

4. 充分开发人力资源,增强国家发展能力

——**充分利用国际市场,提高中国对国际资源的动员能力。**人力资本水平决定国际投资和产业转移的去向,人力资本投入与产出

的关联性比以往任何时候都更为紧密,是固化于国家的经济性、战略性投入,是经济持续增长的决定性因素。实现国民经济的腾飞和跨越式发展,必须投资于人,优先发展人力资本。目前,中国要抓住国际产业转移难得的历史机遇,继续用低廉的劳动力资源置换稀缺的自然、技术、资本等国际资源。20年后,随着劳动年龄人口数量逐步减少,中国人口平均年龄轻的优势将被印度等发展中国家替代,中国经济增长模式必须从现在起,经历一个由主要依赖劳动力数量向主要依靠劳动力质量的重大转变,将比较优势转化为竞争优势。

——**充分利用国内市场,增进国民和国家的发展能力。**对人的投资兼有投资和消费的双重性质。从短期看,主要体现为最终消费性投资;从长期看,主要表现为生产性、报酬递增性投资。人力资本是技术进步和制度创新的载体和源泉,中国经济发展方式粗放的根本原因是劳动者素质低、科技和管理水平落后。投资于人、开发人力资本,提高人力资本存量,成为转变经济发展方式、实现新型工业化的关键;中国经济增长速度将取决于巨大的国内市场,相当长时期内立足国内需求拉动经济增长。因此,需要推进人力资源和自然资源的市场化配置,加快产业结构升级,促进就业,增加人均收入,刺激消费,启动内需,增强综合国力。

——**充分利用发展成果,提高在变革中寻求和谐的能力。**优先投资于人的全面发展不仅决定生产力的发展,而且决定生产关系的发展,是化解社会风险、实现社会公平、促进社会和谐的必然要求:一是向人的投资本身就是发展的基本目的和最实质性的福利,人的能力提高是人权最集中的表现,是人类社会进步的标志。二是投资于人,提高就业和社会保障水平,保证收入和机会更加合理分布,促进社会流动,重点改善弱势群体的福利,缩小地区差距、贫富差距,预防和减少贫困人口的产生。三是促进代际公平的投入,增强社会资本和人力资本积累,是应对人口老龄化最有效的措施,也是塑造适应现代化发展要求的新一代高素质公民最有效的手段。四是提高人口素质将不断促进孩子质量对数量的替代,加快形成稳定低生育水平、消除出生人口性别比偏高的内在机制。五是缓解人与自然矛盾,社会稳定与经济增长的基本保证。走城乡平衡发展、人口经济社会协调共进、生活质量全面提高、民主权利有效行使的发展道路。

(三)战略意义

优先投资于人的全面发展是一种新的经济社会发展理念,其含义就是在经济发展过程中,注重把更多的资源配置到与人的全面发展相关的领域。通过转变政府职能,创新体制机制,将公共资源优先安排到促进人的全面发展上来。

优先投资于人的全面发展是"三个代表"重要思想、科学发展观和构建社会主义和谐社会重大战略思想在人口发展战略中的具体体现,是符合社会发展规律和现阶段中国国情的战略调整,增强国家核心竞争力,确保经济社会持续健康发展的必然选择。优先投资于人的全面发展更加注重经济增长的速度与质量的统一、经济发展与人的发展的统一,体现了历史合理性,是强国富民、社会和谐的重大国策。

——**建立稳定低生育水平的长效机制**。农村人口比重大、人口总体素质较低、生产生活方式落后、社会保障体系不健全等,使得生育观念转变滞后,低生育水平不稳定,面临反弹风险。优先投资于人的全面发展,有利于形成稳定低生育水平的良好局面。

——**保持经济持续快速增长的战略举措**。对人的投资具有成本低、效率高、正外部性强的特点,据研究,目前中国单位投资人力资本的收益率为 0.60 以上,远高于物质资本 0.12 的收益率;体能、技能、智能的社会支付之比为 1:3:9,但为社会创造的财富之比高达 1:10:100。[①] 提高人口素质能够从根本上提高经济运行的质量和效益,促进劳动、知识、技术、管理和资本的活力竞相迸发,为经济发展提供持久动力。

——有效缓解人口与资源环境矛盾的根本途径。充分开发利用人力资源,转变经济发展方式,提高经济运行的质量和效益,促进人力资源对自然资源的替代,提高资源利用率,降低环境治理成本。倡导理性消费,加快建设循环经济和节约型社会,促进人口与资源环境可持续发展。

——抵御西化分化中国政治图谋的基本保障。提高全民素质,强化农村人口和低收入人群的能力建设,协调公权和私权的关系,提高人权享受水平,不仅具有提高劳动生产率和收入水平的经济价值,而且具有促进公平正义的社会价值,以及传承和创造人类精神财富的人文价值。投资于人的全面发展是化解各种矛盾、促进社会稳定、避免较大外部风险的重大举措。

——提高党的执政能力的治本之策。人的发展是最重要的发展,人的能力建设是最基础的建设,对人的投资是最关键的投资,对人的投入是最优质的投入,必须把优先投资于人的全面发展战略作为国家的核心发展战略。投资于人的全面发展是我党立党为公、执政为民理念的直接体现,有利于将综合国力的增强转化为人民生活质量的全面提高。

需要强调指出,在不同地区、不同发展阶段,投资于人的全面发展的重点应有所不同。在全面建设小康社会时期,优先投资于人的全面发展的重点主要集中在:一是控制人口数量、稳定低生育水平;

[①] 中国科学院可持续发展战略研究组.2003 中国可持续发展战略报告

二是提高人口素质、开发人力资源;三是改善人口结构,促进社会性别平等和代际和谐;四是优化人居环境、引导人口有序流动和合理分布;五是提高人民生活质量、促进社会公平公正。

(四)实施条件

当前,优先投资于人的全面发展,不仅必要,而且可行,条件已经具备,时机已经成熟。

——经济发展为人的能力建设提供了必要的条件。中国经济正处在一个迅速壮大阶段:已具备较雄厚的物质基础,基础设施、基础工业对经济社会发展的瓶颈制约基本解除,通过人力资本深化提高生产率的时机已经成熟;已具备技术变革的条件,极大地减少物质消耗,进入通过技术发展而不是物的积累来发展生产力的时期,对人的能力建设提出了更高的需求;已具备较完善的体制体系,市场在资源配置中明显发挥基础性作用,人与资本的结合成为可能;已具备人力资源跃迁的势能。人口素质有效提高,人的能力有效积累,已进入向人投资效率最佳点和向人力资本强国跨越的临界点;已具备对外开放提升新水平的环境,有利于利用两个市场、两种资源,将人口大国优势转变为发展优势。总之,中国已具备经济持续快速增长的基础,人力资本的有效需求增长迅速、持续旺盛,极大地增加和改善公共资源、社会资源和个人资源投资于人的能力。

——人口转变为经济增长提供的黄金时期。人口年龄结构对经济增长所获得的巨大、额外、潜在的源泉将在15~20年后逐渐消失。充分挖掘人口转变的潜在贡献,把潜在优势转化为现实优势,创造经济增长奇迹,关键在于实现充分就业,提高劳动力资源利用效率,使社会真实抚养比接近人口抚养比。同时,必须从现在起加大人力资本积累力度,形成经济持续增长的源泉。

——未来20年是实现从人口大国向人力资本强国转变的关键时

期。今后20年是中国人口城市化快速发展的时期,农村人口向城市转移的过程,也是大幅度提升农村人口人力资本的过程。通过提高就业,达到更新知识、增进经验、提高技能的继续教育的目的,是投资于人的最佳方式;由于人口转变使少年儿童人口比重下降,产生教育投资浓缩效应,有利于社会增加对青少年人口的投资,成为未来中国竞争力最重要的战略储备资源;家庭消费结构升级,恩格尔系数下降,家庭规模缩小,使家庭对人力资本投资能力上升,不断从源头上减少各种社会差距。

总之,邓小平理论、"三个代表"重要思想、科学发展观和构建社会主义和谐社会重大战略思想和以胡锦涛为总书记的党中央的坚强领导,为优先投资于人的全面发展创造了坚实的思想和政治基础;改革开放以来,经济的持续快速发展大大增强了国家的整体经济实力,为优先投资于人的全面发展提供了扎实的经济基础;优先投资于人的全面发展符合人民群众长远的根本利益和当前的迫切需求,有利于更好地让发展成果惠及全体人民,具有广泛的社会基础;同时,人口红利期为优先投资于人的全面发展奠定了十分有利的人口基础。

(五)战略目标

——到2010年,人口总量控制在13.6亿人,人口素质明显提高。群众享有基本的医疗保健服务,出生缺陷发生率逐步降低,婴儿死亡率降到14.9‰以下,孕产妇死亡率降到40/10万以下。全面普及九年义务教育,15岁以上人口平均受教育年限增加到9年。建立健全与经济发展水平相适应的覆盖城乡居民的社会保障体系。贫困发生率有所下降。出生人口性别比升高势头得到有效遏制。城镇化率提高到47%。有效缓解城乡间、区域间差距扩大的势头。人居环境质量有所改善。

——到2020年,人口总量控制在14.5亿人,人口素质大幅度提高。群众普遍享有较好的医疗保健,出生缺陷发生率、孕产妇和婴儿死亡率持续下降。15岁以上人口平均受教育年限达11年左右。基本建立覆盖城乡居民的社会保障体系。贫困人口继续下降。出生人口性别比趋于正常。城镇化率达53%以上。城乡间、区域间差距扩大的趋势得到遏制。人居环境质量明显改善。

——**到本世纪中叶**,人口峰值控制在15亿人左右,之后人口总量缓慢下降,人均收入达到中等发达国家水平。人口素质和健康水平全面提高。建立起比较完善的社会保障体系。人口分布和就业结构比较合理,城镇化水平达到中等发达国家水平,城乡共同进步。创建环境生态良好的现代化人居环境。基本实现国家现代化。

八、战略措施和政策建议

以优先投资于人的全面发展为核心,综合运用人口政策及相关经济社会政策,创新体制,依法行政,重点突破,协同推进,确保新时期人口发展目标的实现。

(一)进一步稳定低生育水平,实现人口发展目标

未来30年,是确保低生育水平稳定,实现人口由缓慢增长到零增长再到负增长的关键时期。必须进一步创新工作思路、机制和方法,形成稳定低生育水平的长效机制。

1. 进一步稳定和完善生育政策

现行生育政策是几经调整并为广大人民群众接受的政策,有利于将总和生育率稳定在1.8左右,使总人口峰值控制在15亿左右,既能满足经济社会发展对人口总量控制的要求,又能适当缓解人口老龄化的速度和程度。因此,"十一五"时期必须保持政策稳定。考虑到不同地区人口增长的不平衡性,遵循"整体稳定、适度微调、因地制

宜、分类指导"的原则,加强生育政策的前瞻性研究,不断完善人口政策。在不同的地区、不同的发展阶段,政策的导向有所不同。

2. 切实加强人口和计划生育基层基础工作

构建特色鲜明的行政部门、服务机构、自治组织、社会团体互联互通的公共管理服务体系,履行人口和计划生育行政管理职能,加强技术服务机构,完善村(居)民自治组织,培育计划生育协会等社会团体,建立相互合作、上下联动、资源交换的运作机制,形成目标一致、主体多元、过程互动、方式科学的管理格局。切实加强县乡计划生育技术服务站建设,完善农村计划生育技术服务基本项目免费制度。实施计划生育生殖健康优质服务工程,推进计划生育生殖健康科技创新。加快建立人口宏观管理与决策信息系统。

3. 建立健全有利于稳定低生育水平的利益导向机制和社会保障制度

坚持制约多生与鼓励少生并举,建立健全稳定低生育水平的经济、社会、税收、福利制度。树立"计划生育家庭为国家发展做贡献,国家帮助计划生育家庭优先分享社会发展成果"的理念,将人口和计划生育利益导向体系建设作为经济社会改革发展和社会主义新农村建设的重要内容。全面推行农村计划生育家庭奖励扶助制度和"少生快富"工程。改革完善并落实独生子女父母奖励、计划生育基本服务项目免费制度,建立独生子女家庭特别扶助、长效节育措施奖励、节育保险、计划生育手术并发症患者生活补助、计划生育家庭父母退休金或养老保险金补助等制度。对符合社会救助条件的计划生育家庭,通过城乡最低生活保障制度、医疗救助以及农村五保户供养、特困户生活救助等社会救助制度予以帮助,并适当提高标准。

(二)全面提高人口素质,优先开发人力资源

在推进"科教兴国"、"可持续发展"和"人才强国"战略的过程

中,把大力提高人口素质、优先开发人力资源作为人口发展战略的关键环节,贯彻优先投资于人的全面发展的战略理念。

1. 提高人口健康素质,实施全民健康工程

一是提高出生人口素质。实施出生缺陷干预工程。普及优生优育知识。大力推广婚前医学检查。加强出生缺陷筛查。推广新法接生,提高住院分娩率。二是提高全民健康素养。倡导健康文明的生活和行为方式。开放公共体育资源,开展全民健身运动。预防和控制艾滋病,对高危人群实行"100%安全套"工程,对艾滋病病毒携带者及患者生育行为进行干预。三是建立以预防为主的公共卫生体系。利用医疗卫生网络及计划生育技术服务网络,形成以预防为主的公共卫生服务体系,努力控制危害严重的传染病、地方病,使广大群众特别是农民享有基本公共卫生服务。

2. 提高人口科学文化素质,实施人力资本积累工程

加快教育体制改革,优化教育资源配置,加大教育投入,切实提高财政性教育经费占 GDP 的比例。把发展农村教育摆在突出位置,有效保障农村义务教育投入,提高农村教育质量。加强基础教育和职业教育。对农村计划生育独生子女和双女家庭,提供免费义务教育和职业技能培训。建立学习型社会,重视培养人的创新意识和实践能力。普及科学文化知识,弘扬科学精神,不断满足人们日益增长的文化需求。

3. 提高全民思想道德素质,实施公民道德振兴计划

建立健全与社会主义和谐社会相适应的道德规范和社会信用体系。倡导资源节约和环境友好的文明生产生活方式。将青少年道德教育纳入学校、家庭、社区教育之中,强化独生子女社会行为的教育和培养,防止青少年不良行为的发生。

（三）着力解决人口结构性问题，促进社会公平

综合运用经济社会政策，建立社会安全网，发挥人口政策的导向作用，促进代际代内公平、社会性别平等与社会和谐。

1. 建立健全养老保障体系和社会化老龄服务体系

制定应对老龄化的战略规划和政策。构建覆盖城乡、具有中国特色的养老安全网。以奖励扶助制度为切入点，在社会主义新农村建设中，逐步形成惠及农村全体人群的养老保障体系。从老年人预防保健入手，倡导健康生活方式，使其在需要时得到充分的关怀和照料。为老年人提供安全、舒适的人居环境。倡导积极老龄化，以知识化应对老龄化，为老年人提供力所能及的参与社会的机会，发展适合老年人特点的知识和经验密集型服务业。加强对老年人公共服务品的供给。强化政府调动社会资源、协调代际利益关系的公共管理职能，制定优惠政策，构建以居家养老为基础、社区服务为依托、机构养老为补充的养老服务体系。积极发展老龄产业。完善老年人权益保障和子女供养父母的法律法规。

2. 综合治理并有效遏制出生人口性别比升高势头

动员全社会力量，坚持标本兼治。把宣传教育放在首位，以消除性别歧视为重点，利用各种传媒和途径，深入开展"婚育新风进万家"活动、"关爱女孩"行动，广泛宣传男女平等、少生优育、女儿也是传后人等新型婚育观念，普及保护妇女儿童权益的法律法规知识。制定有利于女孩健康成长和妇女发展的经济社会政策，实施农村计划生育女儿户奖励制度。鼓励男到女家落户，依法保护妇女对宅基地、房屋和责任田等继承权，运用法律手段保障妇女儿童的合法权益。建立严格的管理制度，修改完善相关法律法规，严厉打击非医学需要的胎儿性别鉴定和选择性别人工终止妊娠，依法追究溺弃女婴行为者的刑事责任。将综合治理出生人口性别比纳入政府目标责任考核。

3. 把缩小贫富差距作为构建社会主义和谐社会的重要目标

建立与人口发展相适应的社会发展制度体系及社会公正秩序，促进市场经济制度下的充分竞争，使人们具有向上流动的均等机会。建立利益制衡机制，兼顾和平衡不同社会阶层的利益，实现收入分配格局的合理化。在制定相关政策措施时要重点考虑加强人力资本投资，以提高技能、扩大就业、增加收入、改善健康、建立保障、增进福利，通过社会进步促进人的全面发展。将消除贫困政策与最低生活保障体系合二为一，逐步建立农村贫困家庭、失地农民和进城务工人员的最低生活保障制度。改救助扶贫为能力扶贫，提高贫困人口的知识技能水平和自我发展能力。注重宗教在构建和谐社会中的积极作用。

（四）统筹区域协调发展，引导人口有序迁移和合理分布

中国正经历世界历史上规模最大的人口流动和迁移。高度关注人口流动与迁移问题，把引导人口有序流动和合理分布作为统筹城乡、区域发展的重大战略，实现要素在城乡、区域间的有效配置；把人口分布与生产力布局有机结合，实现人口发展与经济振兴、社会进步的有机统一。

1. 探索利用区域规划引导人口合理分布的有效途径

统筹区域和城乡发展，促进工业向欠发达地区梯度转移和人口有序流动。科学确定国土功能分区，鼓励在优化开发区域、重点开发区域有稳定就业和住所的外来人口定居落户；引导限制开发区域和禁止开发区域的人口逐步自愿平稳有序转移。根据资源优势确定产业发展方向，坚持市场导向，通过政策引导和项目推动，发挥比较优势，形成各具特色的经济区和经济带。促进大都市圈和城市带的健康发展，增强聚集辐射功能，大力调整产业结构，转移初级加工和劳动密集产业，调控就业岗位，合理吸纳流动迁移人口；发展与大城市

产业集群相配套的卫星城网络,大力发展县域经济,形成科学的中小城市和小城镇产业链扩散体系,创造更多就业机会,提高吸纳人口的能力,促进农村人口向城镇转移。加快城乡一体化进程,打破条块分割,协调区域利益格局,形成以工促农、以城带乡的良性发展局面,促进优势互补和共同发展。加大财政转移支付力度,加强农村基础设施和公共服务体系建设,不断改善农村人居环境和生活质量。对生态脆弱和贫困地区制定科学的人居环境质量指标和监测体系,实施积极生态移民政策,保护环境,促进生态文明建设。

2. 消除人口流动的制度和政策障碍

打破长期形成的城市体制的惯性,把农村迁移和流动人口作为城市居民纳入城市发展战略。改革城乡分割的就业管理制度,逐步建立城乡统一的人口登记制度,完善出生登记和生命统计制度。在城市就业、保障、教育和管理上逐步实现城乡人口的同等待遇,降低农民进城门槛。建立统一、开放、竞争、有序的人才和劳动力市场,免费提供就业信息和就业培训,减少流动的盲目性和流动成本。以城市规划和管理为手段,把农村迁移和流动人口纳入现居住地城市日常管理,加强流动人口的计划生育服务与管理。改造进城务工人员居住区,促进进城务工人员就业和定居,有针对性地鼓励和吸纳第二代、第三代移民,确保农村留守儿童和进城务工人员子女受教育的权利,提供就学、就业机会。

(五)加强人口发展领域的国际交流与合作

牢牢把握中国在国际人口发展事业中的战略主动权,以开放务实的姿态融入国际社会,增强我国在国际人口与发展领域的影响力和话语权,坚持和平、合作、发展、共赢,按照"国际人发大会"和联合国"千年发展目标"确立的基本精神,从基本国情出发,促进人权事业发展,树立文明、包容、负责人口大国的良好形象。

进一步加强与国际社会、各国政府和非政府组织在人口与发展领域的合作与交流。加大人口与发展领域的对外宣传力度,营造国际社会客观评价中国人口和计划生育事业的舆论环境,争取国际社会广泛的理解和支持;加强南北对话,以更加积极的姿态推动国际社会的合作,学习、交流和借鉴人口发展的先进经验和理念,关注世界人口发展的趋势,把握人口发展的共同规律,积极参与人口与发展领域国际规则制定;促进南南合作,建立相互尊重、共同发展的伙伴关系,为发展中国家提供人员培训、资金支持和物资援助;改变被动封闭状态,实施互利共赢战略,推进与联合国人口基金等国际组织开展的合作项目;坚持以我为主、服务大局的原则,促进国际先进理念与国内人口和计划生育工作的有机融合,提高人权保障水平,发挥中国人力资源比较优势,加强国际竞争力,扩大发展空间。

(六)切实加强对人口发展事业的领导

进一步改革行政体制,加快推进政府职能转变,构建以优先投资于人的全面发展为核心的社会管理和公共服务体系。

1. 加快建立和完善人口发展宏观调控体系

建立党中央、国务院领导下的人口发展部际协调机构,完善定期磋商、政策协调、综合评估的运行机制。实行人口与发展综合决策,将人口发展战略和规划纳入国民经济、社会发展总体战略和专项规划,统筹人口战略、规划、政策及与人口相关经济社会发展政策,制定人口发展评估体系,协调人口与经济发展、社会进步、资源利用、环境保护的关系。建立国家和区域人口发展战略和规划长效研究机制,推动人口科学的发展。推进人口发展事业的综合治理,加强对出生、婚姻、死亡、流动、户籍、就业、教育、医疗、税收、保障等人口管理制度的统一协调,完善人口发展和人口安全预警预报制度,监控人口发展规划执行情况,注重发挥非政府组织的积极作用。

2. 建立促进人的全面发展的稳定的投入保障机制

把人口发展事业经费纳入公共财政预算,切实予以保证。调整财政支出结构,重点加强计划生育、卫生保健、公共教育、科学技术、技能培训、最低生活保障、养老保障、艾滋病预防等投入。国债资金和财政支出逐步退出一般营利性和一般竞争性投资领域。加大西部地区、农村地区和贫困地区人力资本建设的转移支付力度,不断提高人口发展事业经费的投入。制定优惠政策,引导和整合社会力量及国际资源投入人口发展领域和人力资本开发,弥补政府社会发展公共资源不足和公共品供给短缺,形成互补互动的格局。

3. 进一步完善党政一把手亲自抓、负总责的责任制度

各级党委和政府把统筹解决人口问题纳入重要议事日程,确保认识到位、责任到位、措施到位、投入到位。以稳定低生育水平、统筹解决人口问题、群众满意为目标,以构建综合治理人口问题格局、完善经济社会政策环境、保障人口发展事业投入等为重点,对党政领导、责任部门实施绩效考核,注重公众评价和社会监督。把落实人口发展目标作为衡量政绩、奖惩、任免的重要依据。

图书在版编目(CIP)数据

国家人口发展战略研究总报告/国家人口发展战略研究课题组编.
—北京:中国人口出版社,2007.12
 ISBN 978-7-80202-589-9

Ⅰ.国… Ⅱ.国… Ⅲ.人口—发展战略—研究报告—中国
Ⅳ.C924.24

中国版本图书馆CIP数据核字(2007)第200561号

国家人口发展战略研究总报告

国家人口发展战略研究课题组

出版发行	中国人口出版社
印　　刷	北京盛兴文豪彩色印刷有限公司
开　　本	889×1194　1/16
印　　张	6.75　插页　1
字　　数	150千字
版　　次	2007年12月第1版
印　　次	2007年12月第1次印刷
书　　号	ISBN 978-7-80202-589-9/D·200
定　　价	32.00元
社　　长	陶庆军
电子信箱	chinapphouse@163.net
电　　话	(010)83519390
传　　真	(010)83519401
地　　址	北京市宣武区广安门南街80号中加大厦
邮　　编	100054

版权所有　侵权必究　质量问题　随时退换